図説

英国アンティークの世界

華麗なる英国貴族の遺産

小野まり

河出書房新社

図説
英国アンティークの世界
華麗なる英国貴族の遺産

目次

はじめに 5

第1章 イギリス人にとってのアンティーク 6

COLUMN 1 英国で愛され続けるアンティーク番組 11
COLUMN 2 捨てられない！ イギリス人 14
COLUMN 3 屋根裏はアンティークの玉手箱 15

第2章 英国アンティークが生まれた時代 16

王政復古と海外貿易（スチュアート朝後期） 16／ジョージ王朝時代 22
ヴィクトリア朝時代 27／エドワード七世時代 33
COLUMN 4 トレードカードとカタログの誕生 32
COLUMN 5 イギリスのアンティーク好きがハマる、歴史のお話 37

第3章 英国アンティークのスタイル 38

ジョージ王朝時代のアンティークスタイル 38
ネオ・パラディオ様式 38／ロココ様式 39／シノワズリ 40
新古典主義 42／アダム様式 42
ヴィクトリア朝時代のアンティークスタイル 44
歴史主義と折衷主義 44／ゴシックリバイバル 44／アーツ&クラフツ 46

第4章 上流階級のアンティーク 48

インテリア家具 48
クイーン・アン様式の家具 48／ダイニングを彩る、アンティークテーブル 50
英国で人気のアンティーク ゲーム＆カード・テーブル 52
トーマス・チッペンデールとロンドンの家具メーカー 55
ヴィクトリアン・ファニチャーの魅力 60
COLUMN 6 英国式 アンティーク家具の買い方とお手入れ方法 54
COLUMN 7 プリンセスの人形の家 58
COLUMN 8 イギリス人の悩みどころ、アンティークvsイケア 62

ファションライフ 63
旅行ブームとアンティーク 63／ヴィトンもグッチも敵わない ブリティッシュ・トランク 63
ヴィクトリア朝時代のSNS ポストカード 65／ヴィクトリアン・ジュエリーの魅力 66
COLUMN 9 ヴィクトリアン・ジュエリーを見極める 70

テーブルウェア 71
貴族の館のダイニングテーブル 71／コレクターに人気！ 華麗なる貴族の紋章ウェア 73
お茶しませんか？ アンティークで 74／紅茶文化が生んだ、英国生まれのポーセリン 78
コレクターに人気の英国陶磁器メーカー 80／魅惑的なシルバーウェアの誕生 84
光輝くヴィクトリアンガラスの魅力 86
COLUMN 10 英国貴族に愛され続けているメイド・イン・ジャパン 76
COLUMN 11 ブリティシュ・ポーセリンの牽引者 79
COLUMN 12 永遠不滅の「銀の匙」アンティークシルバースプーンの楽しみ方 87

英国紳士のアンティーク 90

第5章
庶民と使用人たちのアンティーク 92
キッチン・ファニチャー 93／キッチンメイドの仲間たち 96
レディーズメイドのニードルワーク 99／母から娘へ、娘から孫へ、女性が受け継ぐサンプラー 100
幸運を呼ぶ、ヴィクトリア朝時代の指ぬき、シンブル 101
お針子たちの産業革命 ソーイングマシン（ミシン） 102

貴族の館で楽しむアンティーク
1 キングストン・レイシー 19
2 ストアヘッド・ハウス 25
3 ヒューエンデン・マナー 30
4 ポレェズデン・レイシー 35
5 ケダルストン・ホール 39
6 クレイドン・ハウス 41
7 オスタリー・パーク＆ハウス 42
8 クリブデン 45
9 ティンスフィールド 46
10 スタンデン 47
11 ノステル修道院 57
12 アッパーク・ハウス 59
13 チャーク城 72
14 スノースヒル・マナー 91
15 クライグサイド 97
16 キラートン 104

執事のアンティーク 103／ナーサリーのアンティーク 105
世界的なコレクターアイテム シルバーラトル（銀のガラガラ） 106
馬のロールスロイス？ 夢見る木馬 106
COLUMN 13 蘇るオールドパイン・ファニチャー 95
COLUMN 14 世界遺産で出会う、ヴィクトリアン・タウンのテディベア 108

第6章 英国でアンティーク・ハンティング！ 110
アンティークマーケットの楽しみ方 110
ロンドンナーが選んだアンティーク・マーケット＆蚤の市 111
英国式バーゲンハンターの心得 113
COLUMN 15 ブランドを見分ける！ 115
COLUMN 16 英国で学ぶ、アンティーク・スクール 116

第7章 英国で泊まるアンティークの宿 118
貴族の館に泊まって、アンティーク三昧 118
COLUMN 17 英国コッツウォルズでアンティークを楽しむ 120

第8章 日本で触れる英国アンティークの世界 122
「本物の英国」に触れられるブリティッシュヒルズ 122
お茶しませんか、アンティークに囲まれて 124
おわりに 126
参考・引用文献／謝辞 127

映画・ドラマで楽しむアンティーク
1 映画「リバティーン」 21
2 映画「ある公爵夫人の生涯」 26
3 ドラマ「女王ヴィクトリア 愛に生きる」 31
4 ドラマ「セルフリッジ英国百貨店」 33
5 ドラマ「ダウントン・アビー」 華麗なる英国貴族の館」 36
6 映画「ヴィクトリア女王 世紀の愛」 69
7 映画「ゴスフォード・パーク」 98
8 映画「ノッティングヒルの恋人」 113

＊地名・メーカー・商品名などは現地の発音に近い音で表記しています。

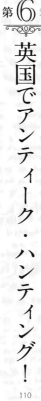

はじめに

私の知るイギリス人は、皆さんアンティークが大好きです。お宅にお邪魔《じゃま》すると、絵に描いたような石造りの家、そしてなかに入れば、素敵なお部屋の数々にうっとりとしてしまいます。

年季のはいった深く体が沈むソファーに腰をおろすと、これまたアンティークかしらと思える、ブルー&ホワイトのティーセットにミルクティー。そして、一〇〇年以上の歴史を持つ万能オーブン、〈アーガー〉で焼かれた手作りのケーキ。甘いお砂糖がザラザラと舌に触るのは、英国ならでは。もちろん、菓子皿やカトラリーにも何やら歴史が感じられます。

ふと部屋を見渡すと、置かれているアンティーク家具と上品な調度品は、そのどれもが、その存在を主張するのではなく、まるで部屋の装いを奏《かな》でるハーモニーのように、見事なまでに配置され収まっています。

甘めのスイーツと濃いめのミルクティーをいただきながら、素敵なアンティークの家具や調度品に囲まれ、友と語り合う午後は、英国ならではの至福のときです。

＊

英国アンティークについて、〈英国に暮らす生活者の視点〉で語る。これが、この本の刊行に込められたコンセプトです。

広範囲なアンティーク品を網羅《もうら》した解説書や、その値踏みを鑑定《かんてい》するような内容を期待されると、がっかりされるかもしれません。なぜなら、イギリス人にとって、アンティークは普段使いの家具であり、生活用品であり、食器だからです。

本書でご紹介するアンティークは、イギリス人が長い歴史を経て世代から世代へと、大切に受け継いできたものばかりです。かつては上流階級の貴族や使用人たちが、日用品として愛用していたものを、現代のアンティークとして、歩んできた歴史や物語を探りながら、イギリス人と同じようなアンティークの楽しみ方を、ご紹介したいと思います。

また、先祖から受け継いだものを大切に使い続け、次世代につなげていく。かつての日本でも、きっと同様に抱かれていたであろう〈もの〉への畏《い》敬《けい》の念を感じながら、本書を楽しんでいただければと願っています。

第1章 イギリス人にとってのアンティーク

驚くほど古いものと出会えることもあるアンティーク・マーケット。

日常生活にとけ込んでいるアンティーク

アンティークといえば、英国。古き良き時代の〈もの〉を代々にわたり大切に使い続ける、その〈もの〉に対するイギリス人の愛着の深さはいかばかりか……。英国にあふれているアンティークの数々を見ていると、思わずそう感じる方も多いと思います。

実際、アンティークがどれほど身近にあるかというと、まずは何もない平日の昼下がり、自宅でランチのついでにテレビのスイッチを入れれば、まず間違いなくそこに映し出される番組は、お昼のワイドショーではなく、アンティーク番組。「まぁ、視聴率の期待できない昼間じゃ仕方ないわね」などと思っていたら大間違いです。夜のゴールデンタイム、すなわち英国でも家族そろってテレビの前にいることが多い午後八時、しかも天下の英国の公共放送局BBCが放映しているのは、一九七七年から続く人気のアンティーク番組「アンティークス・ロードショー」なのです。

時代はテレビからネットへと移り変わってきましたので、試しに調べてみたところ、BBCの番組を英国内限定ですが、放映日から二九日間のみインターネットで視聴できるサービス〈BBC・アイ・プレーヤー〉で、今まさに視聴できるアンティーク関連のプログラムは、実に一三六もありました。そのいずれもが、人気の長寿番組シリーズとなっており、イギリス人でこれらのアンティーク番組を知らない人は、まずいないと思って間違いないでしょう。

アンティーク番組関連本も毎年のように出版されている。とくにプライスガイドはコレクターには必須。

お気に入りの「ブルー・イタリアン」をキッチンの壁一面に飾る。インテリアのためなら、壁に穴をあけることにも抵抗感がないのが、イギリス人。

テレビ番組に限らず、アンティークが日常生活にとけ込んでいる理由のひとつは〈家〉です。このイギリス人の〈家〉に対する熱い思いは、拙著『図説 英国インテリアの歴史』で詳しく述べましたので、ご参考にしていただければと思いますが、イギリス人の〈家〉への関心の高さが、そのまま「アンティーク」への関心の高さへと通じているようです。

なぜなら英国の場合、〈家〉の価値が決まる要素のひとつに築年数《ちくねんすう》があります。

日本と真逆《まぎやく》で、家は古ければ古いほど価値が高い場合が多いのです。たとえば、築五〇年の家より、築一〇〇年やそれ以上、欲をいえば築三〇〇年ぐらいで、ようやく家の築年数について、他人に自慢することができたりします。

また家の築年数だけではなく、インテリアのコーディネートにこだわるのもイギリス人の特徴です。それはイギリス人にとって、家が重要な資産であることが多いためです。日本に比べ、英国は預貯金の習慣が希薄です。資産は家（土地ではなく、建物）で作るという考え方を持つ人が多いのです。将来、少しでも高く売ることを考え、他人により良く見せるために家のインテリアや調度品などの演出に、余念がありません。その証拠ではないですが、英国で毎月発売されるインテリア雑誌の数は、ゴシップ誌をはるかに上回っています。

インテリア雑誌で紹介されているトータルコーディネートをお手本に、イギリス人は〈ご自慢〉のインテリアに設《しつら》えていく。そのために必要な家具や調度品や日用品は、インテリアに合わせてお洒落《しゃれ》にきめていく……。その気合いたるや、英国が世界に誇るガーデニングにも劣らない熱の入れようです。

日本でも大人気を得た英国のテレビドラマ、「ダウントン・アビー」は一九〇〇年代前半の英国貴族とその使用人たちが織りなす物語を、丁寧に描いた長編ドラマですが、そのドラマの初期に、ダウントン・アビーの領主が先代から受け継いだ壮大な館と領地を眺めながら「自分はこの領地の所有者じゃない、管理者だ」と話すシーンがありますが、実はこれが英国貴族の真骨《しんこつ》頂《ちょう》なのです。

　先祖から受け継いだ〈もの〉、すなわち二〇〇年も三〇〇年もたった家具や調度品や生活道具、さらには館や荘園、そしてそれらを囲む美しい田園地帯や自然を大切に守り、次世代につなげてゆく。それこそが「美しい英国」としての魅力を国内外に誇ることができ、ひいては国の財産、人類の貴重な遺産になるのだと考えている人が多いのです。

　そして、そうした考え方は王侯貴族など、高貴な家系に生まれた者、また中産階級や、きちんとした教育を受けた常識ある一般市民にまで共通しています。もちろん、荘園など受け継がない庶民にも、できることなら築数百年の歴史あるコテージなどを手に入れ、その家の年代にあったインテリアでコーディネートを施し、英国の歴史や文化を感じながら暮らしてみたいと憧れている人が多くいます。

　つまり、英国アンティークの大多数は、そうした〈文化を守る〉という高貴な意識のもとに残った〈もの〉が多く、それだけに品質の高さも魅力も、世界に誇れる水準を維持しているのだと思います。つまり英国アンティークとは、良識あるイギリス人のアイデンティティを代表する〈もの〉のひとつなのです。

16世紀のファームハウスを利用した友人宅のダイニング。古い家の家具にこそアンティークが似合う。歴史のある古い家に暮らすのがイギリス人憧れのライフスタイル。

コッツウォルズにある築300年以上のコテージ。こうした築年数の長い、歴史を感じることのできる家が都心の新しい家より人気が高いのが英国の不動産事情。

家系を探る「ファミリーツリー」

　テレビ番組のお話ばかりで恐縮ですが、アンティーク番組と並んで人気のあるドキュメンタリー番組に、一般の視聴者の出生から祖先を探し出す、つまり家系図を探る番組があります。英国では「ファミリーツリー」と称して、見学可能な貴族の館などには必ずといってよいほど、優雅な手書きの装飾が施された何世紀にも及ぶ家系図が展示してありますが、番組では一般人や芸能人の未知の祖先探しをします。

　英国出身の作家による「名作」と高い評価を受ける物語のなかには『小公子』や『ハリー・ポッター』のように、その主人公の生い立ちからは想像もつかないような立派な家系の子孫だったことがわかり、人生の大逆転が物語の山場となることがありますが、この一般人の家系図を探り当てていく番組も、

（上）カントリーサイドで開催されるアンティーク・フェアのひとコマ。野外のストール（屋台）の他に、屋内展示場もいくつかあり、全部見てまわるには1日ではちょっと大変。（下）英国版“お宝鑑定”に集まった人々。1日だけのイベントだが、いつも1000人以上の人々が長蛇の列をなす。

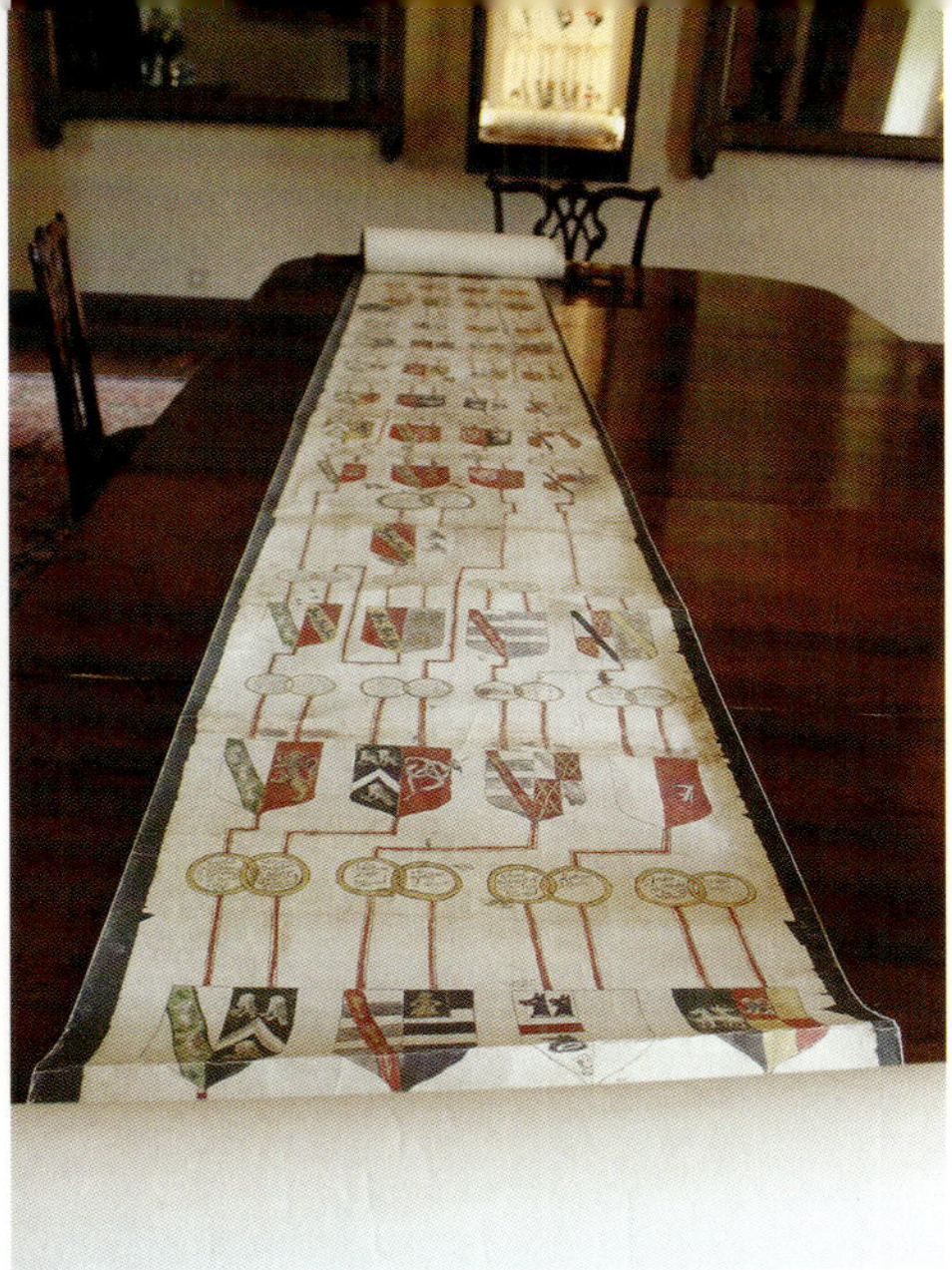

北ウェールズにあるチャーク城の「ファミリーツリー」の復元版。11世紀から続く代々の家系図は数mになる。

上流階級とは、王侯貴族のほか広大な領地の地代のみで生活する階級をさす。弁護士や医者といえども中産階級にあたり、マシューは運良く？　階級をジャンプアップしたことになる。「ダウントン・アビー」より。

イギリス人の持つ「もしかしたら、自分も……」という夢を抱いている人が少なくないことを表しています。

たとえば「ダウントン・アビー」も、領主の将来の跡取りがタイタニック号の惨事で亡くなり、その代わりの跡取りとして、当時は上流階級から蔑《さげす》まれていた中産階級の遠い親戚、弁護士のマシューになるところから始まるように、この「ある日突然、莫大《ばくだい》な遺産の継承者になる」ことに、憧れるのもイギリス人ならではのことかもしれません。

この「一攫千金《いっかくせんきん》」的な発想は、庶民のアンティークに対する思いにも共通しています。「屋根裏に置いてあったモノ、古そうだけれど、もしかしたらものすごく価値のあるものかも……」などと、本気で考えている人が少なくないのです。なぜなのでしょう？

英国は今でもロイヤル・ファミリーを頂点とした階級が存在しています。しかしながら、高級なアンティークが上流階級の子孫にのみ譲り渡されているわけではありません。使用人や小作人が褒美代わりに領主ファミリーからちょっとした調度品を譲られることもあったでしょう。また盗難に遭うことも、この二一世紀でも珍しいことではありません。人から人へ引き継がれてきた〈もの〉が、二一世紀の今日、アンティーク・マーケットやアンティーク・フェアを賑わしているのです。

数百年の歴史を刻むカントリーハウス

日本とほぼ同じ面積の英国を車で走ってみると、カントリーハウスと呼ばれる貴族の館や、城跡が数多く残っていることがわかります。その大部分が現在でも貴族の末裔《まつえい》が暮らしていたり、歴史的建造物として一般に公開しており、建物そのものだけではなく、館とともに数百年の歴史を刻む家具や調度品が残っていることもあります。

とくに一八世紀から一九世紀にかけての建造物は、カントリーサイドのみならず、ロンドンなどの大都市圏でも数多く見ることとできます。英国は日本とは異なり、自然災害が少ないこと、建物そのものが頑丈な石造り・レンガ造りということも要因のひとつでしょう。またかつての世界大戦による国土への被害が少なかっただけではなく、戦勝国としての豊かさを、ある程度は享受《きょうじゅ》できていたことが大きいのではないかと思います。

しかしながら、二〇世紀の二度の大戦の影響や、領土の縮小による大英帝国の衰退、新興国にほとんどの産業が奪われ、上流階級が大きく斜陽《しゃよう》し、彼らの遺産が国内外に放出されたことも事実です。それだけに、ひょんなことからとんでもないお宝が出てくるのも、英国アンティークの面白さなのです。

ナショナル・トラストが保存・公開しているカントリーハウスやマナーハウスはイングランド、ウェールズ、北アイルランドに350か所以上ある。上はウェールズにある13世紀の貴族の館、ポウィズ城。

バース近郊のディラム・パークのドローイングルーム。貴族が暮らしていた当時のままを再現しているのが、ナショナル・トラストの特徴。今ではアンティークとなっている生活用品が息づいている。
©National Trust/Paul Barker

COLUMN 1

英国で愛され続けるアンティーク番組

子どもから大人まで、アンティークが身近に感じられるのは、やはりテレビの功績《こうせき》もあるかと思います。実際のところ、どのようなアンティーク番組がお茶の間の人気になっているのか、BBCの代表的なアンティーク番組をご紹介しましょう。

アンティークス・ロードショー
BBC Antiques Roadshows

本文でもご紹介した「アンティークス・ロードショー」、一九七七年のドキュメント番組に続き、一九七九年からはシリーズ化され、実に四〇年以上続いている、長寿番組です。

番組はオール・ロケで、ほぼ毎回変わります。そのいずれもが英国内にある歴史的に価値のある建造物やガーデン。メイン司会者と、十数人のアンティーク鑑定士たちが、そのロケ地に集い、地元の視聴者たちが持ち込んだ調度品や美術品を、その場で鑑定《かんてい》していきます。日本のテレビ番組「開運！なんでも鑑定団」はこの「アンティークス・ロードショー」が原型となっているそうです。

一時間の番組のなかで紹介されるアンティークの数は、ほんのわずかですが、ロケ地に持ち込まれるアンティークの数は数百単位です。番組のロケ開始時間前には数百mの列ができることは当たり前。まったく、英国全国津々浦々、アンティークなるお宝を、大事に持っている人たちが多いことに驚かされます。

番組で取り上げられるアンティークは、その価格的価値も大切ですが、そのモノが持つ歴史的なバックグラウンドの面白さや、希少価値が第一のようです。そし

「アンティークス・ロードショー」の公開ロケ模様。この日はコッツウォルズの西玄関の街、チェルトナムのタウンホールで開催された。早朝から長蛇の列は９頁のとおり。家具などの大物はBBC側が集荷して会場へ運ばれる。１日限りのロケだが２回（２時間）にわたって放映される。

て番組の目玉は、中盤に紹介されるロケ地の歴史や、そこにまつわるアンティーク品の紹介。また相場価値が大きく異なる、三つのアンティーク品を並べて、視聴者にクイズ形式で紹介するコーナーなどもあります。

英国のアンティーク好きなら、一度はロケ会場に自分のお宝を持ち込んだ人も多いはず。かくいう私自身も、地元で開催されたときには、実際に参加して番組の臨場感を楽しむことができました。さすが、英国のゴールデンタイムを飾るアンティーク番組。機会があれば、ぜひご鑑賞ください。

バーゲン・ハント

BBC Bargain Hunt

この番組は二〇〇〇年三月から放映されている、お昼の番組です。一般視聴者が四名、赤チーム、青チームに分かれ、三〇〇ポンドの軍資金を手渡され、アンティーク・フェアで気に入ったアンティークをハント（購入）します。それぞれのチームには一名ずつプロの鑑定士がアドバイザー役として同伴します。

この番組の見所は、英国各地で開催されているアンティーク・フェアを番組を通じて疑似《ぎじ》体験できることでしょう。アンティーク・フェアとは、移動式のアンティーク市場です。英国のカントリーサイドには、年間を通じて大きなフェアの会場となる場所がいくつかあります。そうした会場はアンティークに限らず、多種多様な見本市や野外コンサートの会場としても有名ですが、そうではない比較的小さな会場で開催されるアンティーク・フェアが、英国ではたくさん行われています。時には村の集会場だったり、大学の体育館だったり、もちろんホテルや教会などで開催されることも珍しくありません。

そして番組の後半は、フェアで購入したアンティーク品を、地元のオークションに実際に出品して、いくら儲けることができるか、少しでも多く利益があったチームが勝ちという流れです。番組の中盤では、やはりロケ地周辺の歴史的名勝地などの紹介がはさまれます。

英国にはカントリーサイドで開催される有名なアンティーク・フェアが多い。番組ではその雰囲気に触れることもできる。

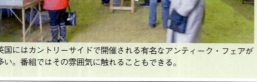

プロの鑑定士がつくとはいえ、その意見を取り入れるか入れないかは参加者の自由。たいてい、取り入れない参加者が多いのですが、あくまでも素人目線でアンティークを購入しますので、番組を見ているほうも、その善《よ》し悪《あ》しを好き勝手に批評することができます。さらに、軍資金の一部で両チームの鑑定士たちも、それぞれフェアからお宝を探し出し一点購入します。それが当たれば、一発逆転もアリのお宝のはず……。そして、オークションの結果は……、泣いても笑っても、毎回やっぱりアンティークって面白いね！ という、楽しい番組となっています。

アンティークス・ロード・トリップ
BBC Antiques Road Trip

二〇一〇年から始まったアンティークス・ロード・トリップはアンティーク鑑定士二人が、クラシックカーを自ら運転して、英国各地のアンティークショップでアンティーク品を購入。さらに購入したアンティークを地方のオークションで売って、その利益を競うという内容。

さまざまなアンティーク番組がある英国では、タレント的な有名鑑定士も多く、彼らがモーリスマイナーやジャガーなどのヴィンテージカーで英国の田園地帯を走る映像は、映画のワンシーンのようです。

さらに番組を通じて感心してしまうのは、本当に英国全国津々浦々、どの町にも大なり小なりのアンティークショップが複数存在しているということ。また、ロンドンの有名なオークション・ハウスの規模には及ばないにしても、元気に定期的にオークションが開催され、そこに一〇〇人前後のアンティークバイヤー（主にショップのオーナー等）が集まるから、驚きです。

小さな町の小さなアンティークショップでの買い付けでは、アンティークショップの店員と、鑑定士との値引きの駆け引きがリアルに展開されます。またオークションでは、たとえ有名鑑定士といえども、やはりアンティークはギャンブル。鑑定士たちの予想どおりの値で落ちることは少なく、こうしたオークションのドキドキ感も番組を通じて楽しめます。

そしてこの番組でも、中盤は訪れた町の歴史や名所の紹介。観光立国英国ならではの、〈どこでも観光地〉感が味わえる内容にもなっています。

ディーラーが小さなスペースごとに異なるアンティークセンターも、英国中いたるところにある。クラシックカーが現役で走っているのも英国らしい光景。

COLUMN 2

捨てられない！イギリス人

英国全土、どこに行ってもアンティークに出会えるということは、アンティーク好きにとってパラダイスです。これだけアンティークがあふれている理由のいくつかは、本文にも書いたとおりですが、もうひとつ、日本の皆さんがイギリス人を誤解しているかな？　と思う、日常的な行動があるのです。そして、それがこの国のアンティークの多さの要因にもつながっているのではと、密かに思っています。

それはまず第一に、イギリス人はお買い物が大好きということ。

英国のライフスタイルを紹介したもののなかには、〈古いものを大切に使っている〉や〈質素《しっそ》倹約《けんやく》〉など、無駄遣いなどほとんどしない堅実なイギリス人……というイメージを持たせるものがありますが、とんでもありません。

とくにインテリアに関連したちょっとした家具や生活用品、雑貨など、高価なものから安価なものまで、各家庭のお財布に合わせたインテリア小売店が無数にあります。そして、それらを、季節の衣替えのごとく新しく購入するのはいいのですが、問題は、新しいものに代わる古いものたちの行方です。

なにしろ、イギリス人はものを捨てられない！　というか、〈捨てる〉という概念が存在しないといってもいいかもしれません。では、どうするか？　イギリス人は何がなんでも〈リサイクル〉です。

たとえば、ものを比較的捨てることのできる人は、日本同様、自宅近くのクリーンセンターへ行って、潔く捨てたりします。ところが、その捨てられたものはただちに回収され、クリーンセンター内のリサイクルショップに運び込まれ、再び〈売りモノ〉として、リサイクルされます。

「さすがに、コレはないでしょう……」と思うような、再生不能と思えるような壊れかけた家具や、ふちの欠けた陶器など、そのバラエティの多さには苦笑してしまうほどです。そして、そうしたリサイクル品がまた売れて、どこかの家庭に引き取られていくわけです。

「捨てるには惜しい」傷みの少ない服や家具や食器、飾らなくなった調度品や使わないいただき物などは、各家庭から町のハイストリート（目抜き通り）にあるチャリティショップへ直行です。いわゆるセカンドハンド（中古）を扱う、チャリティショップの数は、アンティークショップの数倍の規模で全国にあります。

湖水地方のアンティークショップに並ぶヴィンテージの猫脚バスタブ。日本ではあまりお目にかからない「中古の風呂桶」だが、英国では人気。

アンティークという、製造されてから一〇〇年以上たったモノたちが市民権を得ている英国では、どんなものでも「捨てずにとっておく」もしくはリサイクルして再利用という生活習慣が根づいています。その裏返しではありませんが、不要なものはリサイクルに出せるので、新しいものを次から次へと買い漁る……。これはもしかしたら、産業革命で潤ったヴィクトリア朝時代の「お買い物大好き」DNAのせいなのかもしれません。

COLUMN 3

屋根裏はアンティークの玉手箱

「キャッシュ・イン・ザ・アティック」(屋根裏の現金)というテレビ番組が英国で放映されていたのは二〇〇二年から二〇一二年までの一〇年間でした。この番組はプレゼンターが一般(時おり有名人)の家を訪れ、屋根裏や家のなかから〈お金になりそうなモノ〉を探し出し、それらをアンティークのオークションに出して現金に換えるという趣向です。

　家のなかのアンティーク(時にはガラクタ)から得た現金は一般人なら、この番組参加を申し込んだ理由、たとえば家族旅行だったり、孫への贈り物だったりとなります。有名人の場合は慈善事業への寄付です。

　この番組は不定期でしたが、一〇年間で五八六軒ものお宅へお邪魔して、家のなかに眠っているお宝を発掘しました。

　イギリス人がモノを捨てずに、何でもチャリティショップなどへ出してリサイクルさせるということはお話ししましたが、リサイクルの場合は、慈善組織などに引き取ってもらうだけで、収益にはつながりません。つまり寄付になるのです。

　そこで、「いや〜、コレはもしかしたら結構価値があるかもしれない……」と、その根拠はないけれど、「無償で寄付してしまうには、ちょっと惜しいな」と思う物は、まず屋根裏行きになります。

　イギリスの住宅には、日本のような〈押し入れ〉はありません。ウォーキング・クローゼットのような収納はありますが、基本普段使いの服などでパンパンです。

　そこで、活躍するのが〈アティック〈屋根裏〉〉なのです。たとえば、年に一度しか使わないクリスマス・ツリーやそのデコレーション。部屋の模様替えとともに、不要になった額入り絵画、祖父母の時代からある使わなくなった花瓶や、かつて子どもが遊んでいたオモチャ等々。どこの家の屋根裏も、たいがいは倉庫と化しています。

　実は英国のアンティークの生き残りに貢献している屋根裏を、レンタルスペースとして生活の足しにしている人たちもいるほどです。

「家はいつ誰が訪れても困らないように、綺麗にしておく」そんなイギリス人の心理をうまく利用しているのが、このレンタルスペース業。個人用の倉庫業社も、チェーン店展開され英国全土で目にすることができます。

　日本で「我が家の押し入れ貸します」というビジネスが成り立っているようなもの。アンティーク好き、インテリア好き、おうち大好きイギリス人の隠された裏事情です。

(上)ヴィクトリア朝時代に建てられたセミ・デタッチド・ハウス。(下)屋根裏使用例の究極は子ども部屋やゲストルームに改造する技。写真はその一例。

第2章

英国アンティークが生まれた時代

「アンティーク」とは、作られてから一〇〇年以上経た調度品や生活用品のことをいいますが、デザイン、品質、種類の多さなど、ともに群を抜いているのは、英国が栄華を誇ったヴィクトリア朝時代と、その前後のものが圧倒的に多いと思います。華やかな英国貴族がもっとも彩り豊かに輝いた時代、まずはその時代の軌跡を追ってみましょう。英国アンティークが生まれた時代にタイムトリップしながら、魅惑的なアンティークに思いを馳せてください。

王政復古と海外貿易　スチュアート朝後期

The Restoration and Overseas Trade 1660~1713

王政復古により華やかな時代へ

一六六〇年五月二九日火曜日、その日三〇歳の誕生日を迎えたチャールズ二世は亡命先のフランスから戻り、イングランド国王としてロンドンへ入城し、国民の歓迎を受けました。王政復古《おうせいふっこ》の幕開けです。

英国はこれまでの長い歴史のなかで唯一、国王を置かない共和制の時代が一六四九年からおよそ一〇年間続きました。その社会体制はピューリタニズムといった清教徒《せいきょうと》主義にもとづく厳格なものでした。具体的には当時庶民の楽しみのひとつであった劇場を閉鎖し、そのほかの娯楽も取り締まり、果てはクリスマスまで禁止するという厳格で息の詰まるような統治だったのです。

このような貴族にとっても庶民にとっても面白くない共和制は、長い歴史を刻むこともなく、国民の支持を得られることもなく、破綻《はたん》しました。そしてチャールズ二世のもとで王政復古、すなわち国王の復活が実現しました。ただし、この王政復古を境に、英国における国王の力は他国に比べ、弱いものとなっていました。つまり権力の掌握《しょうあく》はせず、国の象徴としての国王です。そして実質的に国を統治するのは、議会へと移行していきました。

この大きな歴史の流れにより、英国は王侯貴族以外の領主や中産階級の人々が、さらなる権力や資産を持つことができるようになり、いわゆるカントリーハウスのような荘厳《そうごん》な館が増えていきました。上流階級の人々がこぞって家の調度品やインテリアに、その

（上）絵画や調度品が目をひくキングストン・レイシーのボールルーム（舞踊室）。サロンとしても使われていた。下はライブラリー。古書も貴重なアンティークとして人気が高い。
©National Trust Images/James Mortimer

資産をつぎ込む時代を迎えることになったのです。

チャールズ二世の統治下は、一六六五年に当時のロンドン市民の二〇%もの死者を出したペストの大流行や、その翌年にはロンドンのシティの大部分を焼失したロンドン大火などが発生し、国内の混乱にも見舞われましたが、対外的にはこの王政復古を境に海外貿易も活発になり、のちの大英帝国確立への歩みが本格化していきました。

とくにチャールズ二世は在位前、ピューリタン革命から身の安全を守るために、一六四六年に母親とともにフランスに亡命し、さらに一六四八年にはオランダのハーグへと移り住んでいます。その後、一時的にスコットランド王として英国に戻ることはありましたが、一六歳からおよそ一五年間のほとんどを欧州大陸ですごしています。その間のチャールズ二世の暮らしぶりは、亡命とはいえ、フランスではブルボン王朝のルイ一四世の従兄弟として、オランダやドイツでも当時、英国よりも

紅茶の手軽さはイギリス人のティータイムを室内から屋外へと向かわせた。英国の爽やかな夏のガーデンでのティータイムは豊かさの象徴でもあった。「ダウントン・アビー」より。

キャサリン・オブ・ブラガンザ（1638〜1705）は紅茶文化を英国王室にもたらした。その影響は21世紀の今日まで続いている。

紅茶文化の発達とともにティーセットも趣向を凝らしたものが増えた。左はロイヤル・ウースターが磁器を作り、その後銀職人に依頼して、シルバーホルダーを作らせた1905年製のカップ&ソーサー。

©Drawer/Hitomi Sasaki

洗練された、欧州大陸の華麗なる宮廷生活を垣間見ることができる立場にありました。この体験が、のちに英国の王侯貴族たちのライフスタイルに影響を及ぼすのは時間の問題でした。

　さらにイングランド王となったチャールズ二世は一六六二年、ポルトガルのブラガンサ王朝の初代国王の王女キャサリン・オブ・ブラガンザと結婚しました。キャサリンはインドのボンベイ（現・ムンバイ）や北アフリカのタンジールを持参金とし、これらの領土はイングランド領となり、後年の海外進出における重要な拠点となりました。また、領土以外の持参金は、当時の英国王室の財政赤字を解消してしまうほどの額でした。

　この婚姻によって英国にもたらされた文化の異なる領土と資金の獲得は、いうまでもなく、現在の英国アンティークの多様性に大きく貢献しています。なかでも、キャサリン王妃によって英国にもたらされた紅茶文化は、アンティークを代表するテーブルウェアの起源になったといっても過言ではないでしょう。

　王妃との間に子をなさなかったチャールズ二世の後を継いだのは、王弟のジェイムズ二世でした。しかしながらジェイムズ二世はイングランド国王としては認められないカトリック信者だったために、即位からわずか三年、一六八八年の名誉《めいよ》革命によって失脚します。

〈国産よりも舶来もの〉

その後はジェイムズ二世の王女メア

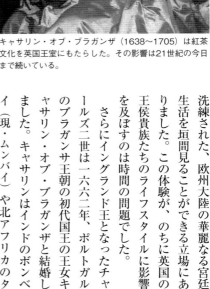

リー二世とメアリーの夫、ウィリアム三世の共同統治が一七〇二年のウィリアム三世死去まで続きました。ウィリアム三世は代々オランダ総督の家督を継いでいたオラニエ＝ナッサウ家の世継ぎでもあったため、二人は婚姻後の一二年間をオランダで暮らしました。メアリーはこのオランダでの宮廷生活が肌に合っていたようで、女王としてイングランド帰国後もオランダの生活様式を多く取り入れました。この時代のアンティークに見られる〈ダッチ様式〉の調度品は、このメアリー二世の影響が大きく反映されています。

ダッチ様式の調度品が充実しているバース近郊のディラム・パークにある、17世紀のオランダ・デルフト陶器のフラワーホルダー（花たて）。
©National Trust Images/John Hammond

1692年のウィリアム３世とメアリ２世の５ギネスコイン。

貴族の館で楽しむ
アンティーク
1

ドーセットの大英博物館

キングストン・レイシー
Kingston Lacy

王政復古後の1663年から1669年にかけて築造されたマナーハウスです。館の主だったバンクス一族が蒐集した調度品のいくつかは、現在ロンドンの大英博物館に収められているほど。館内のインテリアやコレクションも、スペインやエジプトなど、世界中から集められた貴重なアンティークで当時の暮らしぶりが再現されています。

外観も、当時の王侯貴族たちの間で流行した、イタリアの宮殿を模したもの。ロンドン大火のあとにロンドン市再建委員の１人に選出され、セント・ポール大聖堂の修復にもかかわり、英国の建築家として初めてナイトの称号を得たロジャー・プラットによる設計です。有名な建築作品集『ウィトルウィウス・ブリタニクス』にも描かれています。また日本庭園もあるガーデンは17世紀および18世紀のガーデンを復元したもので、英国の歴史的庭園のひとつとなっています。

住所　Wimborne Minster, Dorset, BH21 4EA

（上）17世紀スペイン絵画の巨匠ディエゴ・ベラスケスの大作が壁を飾るキングストン・レイシーのダイニングルーム。家具は1880年代を再現している。（右）1675年製のウォールナットのライティングキャビネット。

©National Trust Images/John Hammond

ここまでの時代をざっと見てみると、今も昔も国民の注目の的であった王室は本国英国よりも、フランス、スペイン、オランダなどの大陸の影響を強く受けたメンバーで構成されていたことがわかります。この時代の宮殿や貴族の館などの調度品を見ても、外国産のものが多く見受けられます。

つまり、英国が諸外国に比べ産業的にも、文化的にも成熟していなかった。とりわけ、フランスやイタリアなどに比べ、芸術分野では見劣りしていたのでしょう。そのため、一七世紀のアンティークは主に欧州大陸や中国、日本製の調度品、もしくは、それらの諸外国の影響を強く受けているのが特徴です。

〈国産よりも舶来《はくらい》もの〉、いつの時代

商店主や職人など、新たに誕生した豊かな中産階級の食卓風景。1720年頃のヨセフ・ファン・エイケンによる「食前の祈り」。

も流行や最先端のものは、外から取り入れたいと思う気持ちは、それだけ入手が困難だからではないでしょうか。この消費者心理は、英国アンティークの蒐集家たちにも通じています。

そしていよいよ、英国が大英帝国として栄華を誇り、英国製のさまざまな製品、すなわち二一世紀における素晴らしいアンティークたちが産声《うぶごえ》を上げる時代へと移行していきます。

一七〇二年、ウィリアム三世没後に王位に就いたのはメアリー二世の妹、アン王女でした。アン女王の在位期間はわずか一二年間でしたが、この時期は国内が安定してきました。またこの時期に勃発《ぼっぱつ》した欧州におけるスペイン継承戦争と北米を舞台としたアン女王戦争によって、領土の拡大と景気が上向き、上流階級のみならず、国民全体の生活が豊かになってきたことにより、生活水準が上がり、生活様式にもゆとりが生まれました。同時に家具や日用雑貨なども徐々に大量生産化へ向けて歩みはじめたのです。そして、デザインや品質にもこだわるようになり、技術革新へと向かっていきました。現在のアンティークがより魅力的なものとなるきっかけとなったのです。

映画・ドラマで楽しむ
アンティーク

1

映画

「リバティーン」
The Libertine

2006年　イギリス
監　督　ローレンス・ダンモア
出演者　ジョニー・デップ、サマンサ・モートン

王政復古の時代をテーマとした映画は少ないのですが、この映画は実在した人物を描いたものです。ジョニー・デップ演じる第二代ロチェスター伯ジョン・ウィルモット（John Wilmot, 2nd Earl of Rochester 1647〜80）は、この時代のイングランド貴族で宮廷詩人でした。放蕩《ほうとう》と大酒の果てに身を持ち崩し、33歳という若さで梅毒《ばいどく》のために亡くなりましたが、映画は彼の生涯を通じて、フランスやイタリアなどの欧州文化を模倣したり、影響を受けている王侯貴族の姿を、やや衝撃的な形で描いています。

また当時のカントリーハウスの貴族の暮らしや、不衛生極まるロンドンの様子も忠実に再現されています。ちなみに、このカントリーハウスはナショナル・トラストのチャルコート・パークがロケ地となっています。

Charlecote Park
住所　Wellesbourne, Warwick, Warwickshire, CV35 9ER

ジョージ王朝時代

Georgian Britain 1714~1837

欧州文化からの独立

　一七一五年スコットランドの法律家で建築家でもあったコーレン・キャンベル（Colen Campbell 1676~1729）は、『ウィトルウィウス・ブリタニクス』を出版しました。この舌をかみそうな名前の書籍は、イングランドの建築作品集で、当時の英国の建築様式に多大な影響を与えたといわれています。

　建築様式とアンティーク、一見関係がないように思えますが、現代の高級アンティークの数々は、王侯貴族の生活様式から派生したものです。家具や調度品、食器類はその家のインテリアにあわせてそろえられたことでしょう。そしてインテリアはその家の建物、すなわち建築様式にあわせて設えられました。したがって、時代ごとの建築様式を知れば、お気に入りのアンティークの時代背景や価値を見出すことができます。

　さて、キャンベルの出版した建築集は一七二五年までの一〇年間にわたって全三巻が出版されました。いずれもその時代を代表する英国の建築家たちのデザインカタログのような仕様《しよう》でした。本のタイトルとなっている「ウィトルウィウス」とは、紀元前四六～三五年頃に活躍したローマの建築家マルクス・ウィトルウィウス・ポッリオ（Marcus Vitruvius Pollio 紀元前八〇年／七〇年頃~紀元前一五年以降）の名前に由来。ウィトルウィウスは欧州における最初の建築理論書といわれる、ルネサンス時代の建築家たちにとって必読書だった『建築十書』を書き残しています。

　つまり、それまで英国において大きな影響力を持ち、国内で模倣され続けていたローマ時代のバロック様式から独立し、より〈英国らしい〉新たな建築様式を提唱するために、誰もがわかりやすい図集という形で出版されたのが『ウィトルウィウス・ブリタニクス』だったのです。そして、この建築集を

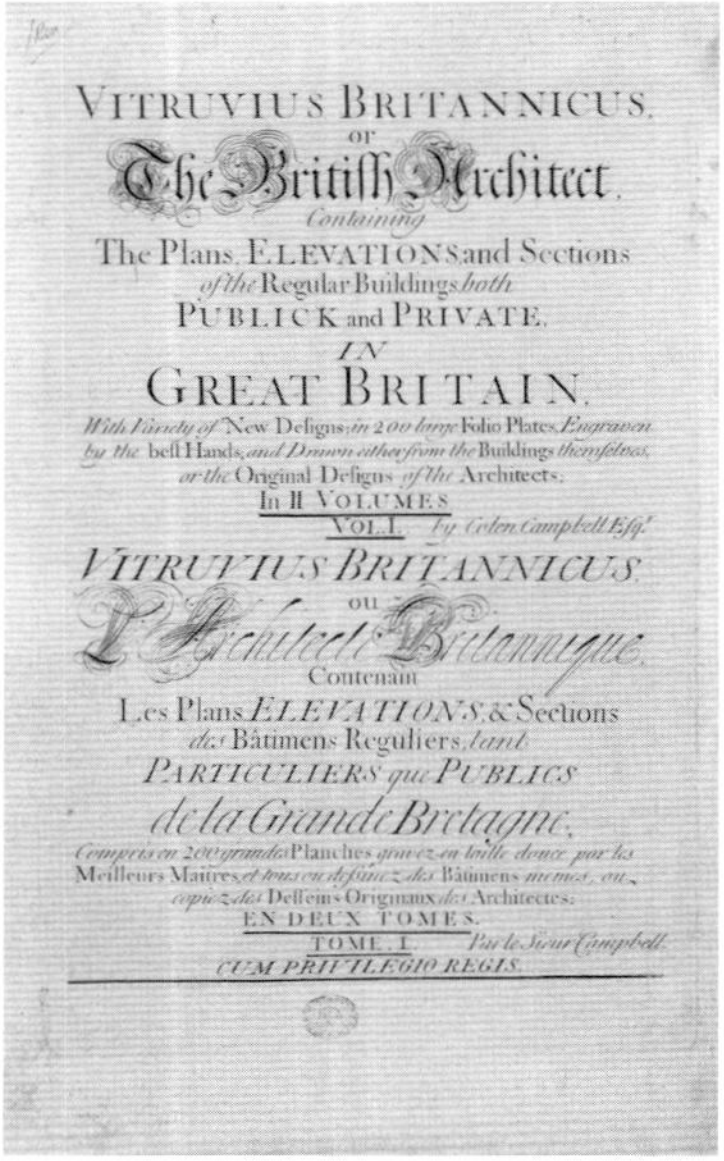
VITRUVIUS BRITANNICUS,
or
The British Architect,
Containing
The Plans, ELEVATIONS, and Sections
of the Regular Buildings both
PUBLICK and PRIVATE,
IN
GREAT BRITAIN,
With Variety of New Designs; in 200 large Folio Plates, Engraven
by the best Hands; and Drawn either from the Buildings themselves,
or the Original Designs of the Architects;
In II VOLUMES
VOL. I. By Colen Campbell Esq.
VITRUVIUS BRITANNICUS,
ou
L'Architecte Britannique,
Contenant
Les Plans, ELEVATIONS, & Sections
des Bâtimens Reguliers, tant
PARTICULIERS que PUBLICS
de la Grande Bretagne,
Compris en 200 grandes Planches gravez en taille douce par les
Meilleurs Maitres, et tous ou desinez des Bâtimens memes, ou
copiez des Desseins Originaux des Architectes:
EN DEUX TOMES.
TOME I. Par le Sieur Campbell.
CUM PRIVILEGIO REGIS.

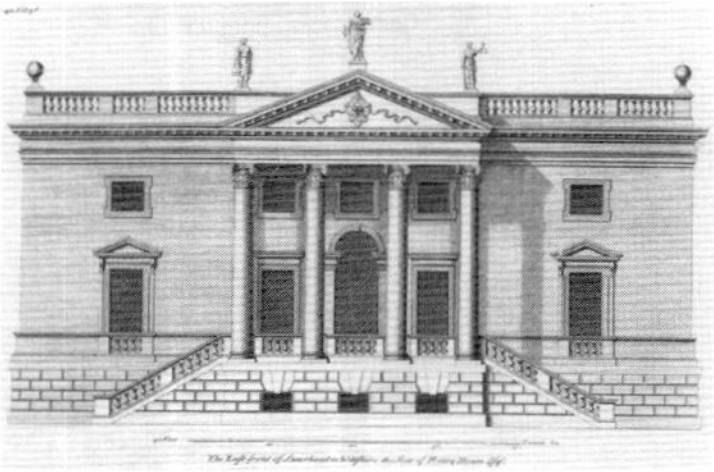

1725年に出版された『ウィトルウィウス・ブリタニクス』第１巻２刷目の扉とストアヘッドの東側面図。

熱烈に支持した人々がいました。ジョージ王朝時代に入り、さらなる権力と富を得るようになった上流階級の人々です。

劣等感からの出発

一七一四年にスチュアート王朝最後の君主、アン女王が崩御《ほうぎょ》しました。成人した子がいなかったため、王位継承法により又従兄に当たるドイツのハノーファー王国の選帝侯《せんていこう》ゲオルク・ルートヴィヒが迎えられ、ジョージ一世として即位しました。英国におけるハノーヴァー王朝の始まりです。

英国はジョージ一世をドイツから迎え入れたため、王侯貴族たちや議会は、それまでの親フランスとは異なる道を歩みはじめました。当時、万有引力《ばんゆういんりょく》を発見したニュートンなどの活躍のおかげで、自然科学の分野では、英国は他国に負けないと自負していましたが、芸術・文学・音楽の分野では、イタリアやフランスに比べ劣っているという劣等感を抱いていました。

そのため、この時代の裕福な貴族の子弟は、教育の最後の仕上げとして、家庭教師などとともに数か月、あるい

ストアヘッドのライブラリーにある古代エジプト人の頭部をデザインに取り入れた、チッペンデールによる一八〇五年作のアームチェア。©National Trust Images/Bill Batten

ストアヘッドの階段ホールにはチッペンデールの家具が置かれている。©National Trust Images/Dennis Gilbert

1740年に完成したストアヘッドのガーデン。グランドツアーで持ち帰ったイタリア絵画をもとに造園された。
©National Trust Images/Arnhel de Serra

ストアヘッドの「イタリアン・ルーム」。天井のアーチはパラディオ様式の典型。家具は1901年当時のもの。©National Trust Images/Bill Batten

は数年間の〈グランドツアー〉に出ることが慣例でした。このグランドツアーはイタリアやフランスで洗練されたマナーや教養を身につけるためのもので、将来領地を統《す》べる英国貴族としての、芸術的素養も大陸でなければ身につかないと考えられていたのです。

　このグランドツアーに出た若き英国貴族や、その師匠たちは、イタリアやフランスの絵画を蒐集《しゅうしゅう》し、手土産《てみやげ》として英国へ持ち帰りました。また、そうした絵画をもとに、新たに館やガーデンを建造した貴族も多くいました。もちろん、それらの絵画や調度品などが、現在では高級なアンティークとして、歴史的建造物のなかでは展示品として、また、オークションの目玉となっています。

農業改革によって巨大化した家畜の絵画は、英国では人気のアンティーク絵画のひとつ。

　そして、このグランドツアーでの体験をもとに、ただ大陸の文化を模倣するのではなく、自国ならではの芸術・文化に発展させようとしたのが、このジョージ王朝時代の文化人たちの野心でもあったのです。もちろん、その背景には反フランスという政治的な思惑《おもわく》が動いたことも、少なからずあったようです。

　ジョージ王朝時代とは、このジョージ一世から始まり、一八三七年に崩御したウィリアム四世までの五世代にわたるハノーヴァー朝前期を表します。

　ジョージ一世が英国王としてドイツから渡ってきたのは一七一四年、彼が五四歳のときでした。父とともに、その息子ゲオルク・アウグスト、のちのジョージ二世も三一歳で父親とともに英国に来ました。親子ともにドイツでの生活が長かったため、英語をほとんど話すことなく、国内政治よりも欧州大陸の情勢に関心が高かったようです。そして、それが幸いしてか、英国ではこの時期に議会政治が急速に発展していきました。「国王は君臨《くんりん》すれど統治《とうち》せず」という、現在の立憲君主制《りっけんくんしゅせい》が定着したのがこの時代だったのです。

　またこの時期は、英国は農業改革によって農作物や家畜の生産性が飛躍的に伸び、食糧供給の増加によって人口も膨れ上がりました。たとえば一七〇

貴族の館で楽しむ
アンティーク
2

絵画から生まれた庭園に建つ

ストアヘッド・ハウス
Stourhead House

© National Trust Images / Dennis Gilbert

ストアヘッド・ハウスは17世紀の画家クロード・ロランの絵の世界を見事に再現したガーデンが有名で、世界中から観光客が絶えることがありません。ここを初めて訪れる人は、庭の入り口から続く小道を抜け、湖にかかるアーチ型の橋を目にした瞬間から、詩的な風景が絵画ではなくそこに現存している事実に驚嘆します。その美しさは2005年に公開された映画「プライドと偏見」のロケ地にもなったことからも証明できます。

ガーデンに配置されたパンテオンやアポロ神殿、丘の上の十字塔と並んで、ガーデンの外れに建つ館はネオ・パラディオ様式の建築にもとづいた荘厳な建物です。1720年から1724年にかけて、スコットランドの建築家コーレン・キャンベルによって建造されたパラディアン・ヴィラで、家具や調度品も当時を反映したものとなっています。

住所　near Mere, Wiltshire, BA12 6QF

この時代を代表するアンティークのひとつに置き時計がある。その第一人者といわれているベンジャミン・ヴリアミー。1790年頃の肖像画と、ロイヤル・クラウン・ダービーとのコラボ作品。© Derby Museum

〇年のイングランド・ウェールズの人口は約五七〇万人でしたが、一〇〇年後の一八〇一年には約九二〇万人にも増加しています。この農業改革の成功が産業革命へとつながっていき、英国が世界初の〈世界の工場〉となっていく礎《いしずえ》のひとつとなったのです。

大英帝国とアンティーク

農業改革による人口増は、産業革命のための労働力の確保につながりました。同じ頃、国外では他国との領土をめぐる戦争が繰り広げられていました。

映画・ドラマで楽しむ
アンティーク

②

映画

「ある公爵夫人の生涯」
The Duchess

2008年　イギリス
監　督　ソウル・ディブ
出演者　キーラ・ナイトレイ、レイフ・ファインズ

© Collection Christophel / PPS通信社

1774年にデヴォンシャー公爵家に嫁いだジョージアナ・キャヴェンディッシュの伝記小説を映画化した作品です。名門貴族の華麗で派手な暮らしぶりが忠実に描かれ、さらに当時の政治と貴族の深いかかわり方も、主人公の半生を通じて垣間見ることができます。

何よりこの映画の見所は、ケダルストン・ホールや、実際にデヴォンシャー公爵の邸宅であったチャッツワース・ハウス、さらに保養地として有名だったバースなど、英国を代表するカントリーハウスの外観、内部を堪能《たんのう》できること。また米・英両国のアカデミー、衣装デザイン賞を受賞した衣装の美しさも必見です。ジョージ王朝時代の華やかな英国貴族の暮らしが、見事に描かれている秀作です。

一七六〇年代に建てられたオスタリー・ハウスにある「タペストリー・ルーム」。見事なタペストリーは完成まで四年かかった。欧州大陸文化への強い憧れが見受けられる。

一七五六年に大陸で勃発《ぼっぱつ》した七年戦争です。この戦いを制覇《せいは》した英国は、フランスやオーストリアよりも優位に立ち、さらに北米のフランス、スペイン領のほとんどを手に入れました。この広大な海外植民地が、産業革命初期の綿製品などに代表される工業製品の輸出先となったのです。つまり植民地相手の貿易によって、膨大な資金を獲得し、高度な産業技術の発展ための資本の蓄積が可能となったのです。

このジョージ王朝時代は、植民地の拡大、海外貿易による外貨の獲得などにより、それまでに前例を見ないほどの大きな変化がありました。都市が成長し、貿易が拡大し、消費者主義と大衆文化がさかんになりました。また、消費に押されるようにして、各分野において工業化が産声をあげました。

自由と抑圧、労働者階級に起きた極度の貧困と並んで、上流階級の極端な贅沢《ぜいたく》、格差社会が生まれたのもこの時代でした。

ヴィクトリア朝時代
Victorian Britain 1837~1901

産業革命で世界の工場へ

ハノーヴァー王朝の第六代女王ヴィクトリアが統治していたこの時代の特徴は、それまでになかった国内平和と経済成長、また〝洗練された感性〟と英国が国として自信をつけたことがあげられます。この時代にはまさに〈アンティークが生まれた時代〉を象徴する出来事が数多くありました。

1846年に描かれたヴィクトリア女王一家。ロイヤルファミリーの人気絶頂期の頃。
（フランツ・ヴィンターハルター作）

まず産業革命以前の農業改革による人口増で労働力が確保でき、科学技術の発展により、各分野での工業化が一気に進んだこと。そして世界のどこよりも早く〈世界の工場〉と呼ばれるに至ったこと。この経済的躍進が、それまで他の欧州列国の後塵《こうじん》を拝《はい》していた英国に、自信と巨大な富を与えました。

その自信は、アンティークにかかわりの深い、建築やデザイン、生活様式についても同様です。人々は産業革命によってもたらされた、それまでになく高揚《こうよう》したナショナリズムに押され、より英国らしい、オリジナル性の高いデザインや生活様式を求め、それらに応えるように芸術と産業の牽引《けんいん》者たちが、ともにヴィクトリア朝という時代を形作っていきました。

理想の家庭像をもとめて

産業・経済のみならず、この時代の象徴として忘れてならないのは、ヴィクトリア女王と夫のアルバート公、そしてその子どもたちとの家庭生活です。実際のところはともかく、当時の英国民にとって、夫婦円満でアットホームな印象が強いヴィクトリア女王一家は国民の憧れの対象でした。

同時に、女王一家の生活が、それまでの贅沢《ぜいたく》を極めた王室生活とは一転して、経済成長によって生活水準が上がった中産階級から労働者階級に至るまで、身近だと思わせるような庶民的な暮らしぶりをアピールし、それが当時のライフスタイルのお手本になっていきました。

そうしたなかで定着していった習慣が、クリスマスや〈ハイ・ティー〉と称される午後のお茶、また野外イベントを楽しむガーデン・パーティーなどです。

また、女王一家の人気とともに人々の〈家〉に対する考え方にも変化が現れました。当時の流行歌「ホーム・スィート・ホーム」の一節にある「我が家にまさる場所はない」という、家庭第一主義は二一世紀の現在でも、しっかりと根づいていますが、家庭を居心地のいい場所とするために必要な、ありとあらゆる室内装飾品や、生活用品、

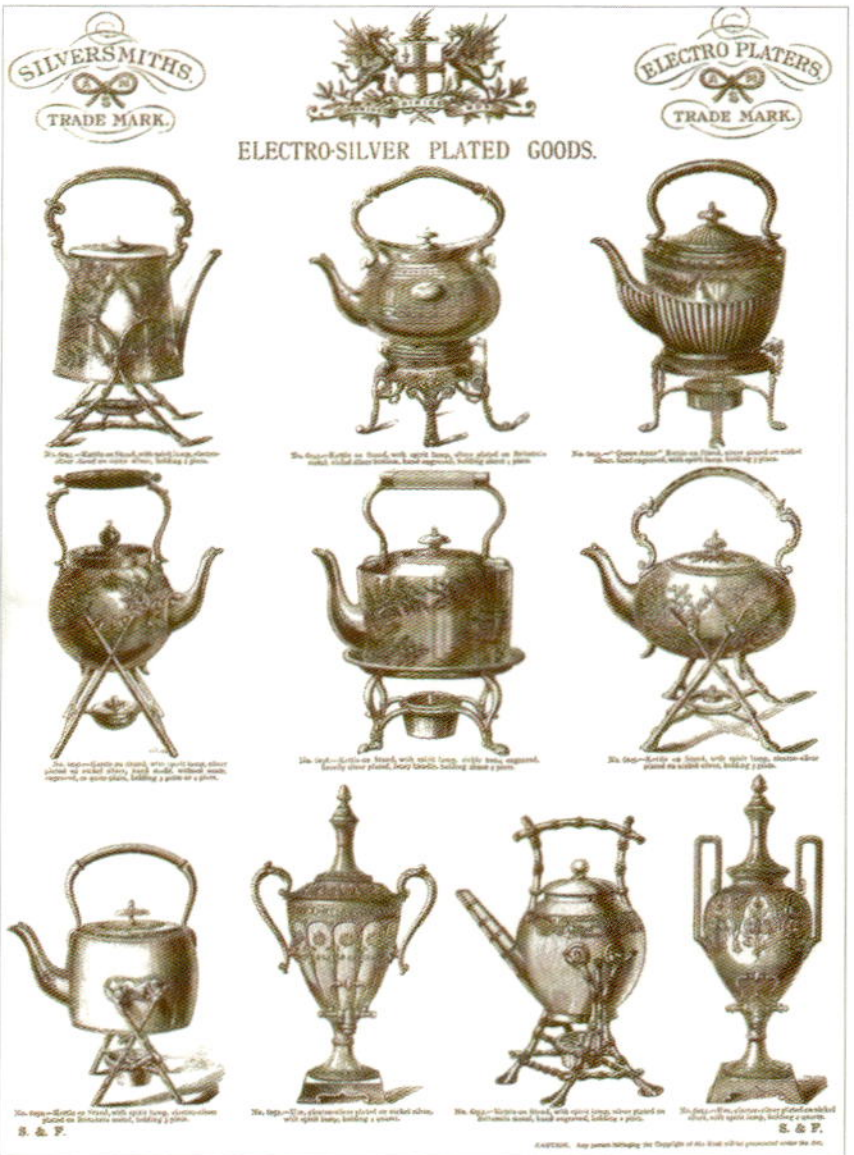

大量生産、大量消費時代の産物となったヴィクトリア朝時代の商品カタログより。アンティークの世界ではこうしたカタログに載っているか否かで、その相場価値も変わることがある。

シャンデリアやガラス製品の有名メーカー、F&Cオスラーのロンドン、オックスフォード・ストリートにあったショールーム。1860年頃。© V & A Museum

20世紀初頭が舞台となった「ダウントン・アビー」でも、野外でのお茶やイベントシーンはたびたび登場した。

生活雑貨が、この時代に大量に生産され、消費され、それが現在のアンティーク品となっているのです。

そして、この大量生産、大量消費に反旗《はんき》を翻《ひるがえ》して生まれた〈アーツ&クラフツ〉と称された民芸運動が、さらにこの時代のアンティークに魅力を加える結果となりました。

（上）ロンドン万国博覧会の模様。（左）1851年にウィリアム・ギブスが万博に出品したペアの壺。1850年作。ブリストルのティンスフィールドで見ることができる。
©National Trust Images/John Hammond

世界初の国際商品見本市

現代のアンティークが生まれた時代の一大トピックスとして、一八五一年に開催された〈ロンドン万国博覧会〉があります。ロンドンのハイドパークで五月からおよそ五か月間にわたって開催された国際博覧会ですが、現代風にいえば、国際商品見本市です。

出展された商品数は当時の公式カタログで紹介されているものだけでも、およそ一万三〇〇〇点。英国のみならず、当時の植民地も含めた四四の諸外国からさまざまな商材が出展され、この博覧会をきっかけに、その多くが注文を受けました。もちろん、一般市民も平日なら一シリング、休日は四・五シリングの入場料で、楽しむことができたため、最終的な入場者数は約六〇〇万人に上りました。当時のロンドンの人口がおよそ二三〇万人でしたので、いかに物凄い人気であったかおわかりになると思います。

当時は資本家が生産する商品に対する盲目崇拝だなど、さまざまな批判もあったようですが、産業革命に後押しされた多種多様な商品が、今日のアンティーク・マーケットの主役となっていることは否定できません。

貴族の館で楽しむ
アンティーク
3

ヴィクトリア女王お気に入りの首相邸

ヒューエンデン・マナー
Hughenden Manor

©National Trust Images/Andreas von Einsiedel

ヴィクトリア朝時代の首相、初代ビーコンズフィールド伯爵ベンジャミン・ディズレーリ（1804〜81）が、1848年から亡くなる1881年まで暮らしたマナーハウスです。ロンドンにもほど近いバッキンガムシャーの丘陵地に建つ赤レンガの邸宅は、ヴィクトリア朝中期の折衷《せっちゅう》様式にもとづいた珍しい建築形態で、また当時のインテリアもほぼそのまま残っています。

室内はディズレーリの息遣いが聞こえるように、当時の暮らしぶりが再現されています。当時のインテリアもさることながら、ヴィクトリア女王から強い信頼を得ていたディズレーリにふさわしく、女王ゆかりのコレクションも見ることができます。

住所　High Wycombe, Buckinghamshire, HP14 4LA

アール・ヌーヴォーの起源

アンティーク蒐集家にはよく知られているアール・ヌーヴォー。一九世紀末から二〇世紀にかけて、フランスやベルギーを中心に花開いたスタイルですが、その起源は、ヴィクトリア朝時代後期に英国で起きた民芸運動〈アーツ&クラフツ運動〉に端《たん》を発《はつ》しています。

アーツ&クラフツ運動は、産業革命の結果、工場で大量生産された粗悪な商品があふれるようになり、かつて中世の職人たちが丹精《たんせい》込めた装飾的手工芸や、労働の喜び、手仕事の美しさも失われてしまったと感じた、ウィリアム・モリスが中心となった芸術的回帰運動でした。モリスは中世に憧れ、モリス商会を設立し、インテリア製品や美しい書籍を作り出しました。モリスとその仲間たちによって実践された、生活と芸術を一致させようとしたこのデザイン思想は、花や植物などの有機的なモチーフや自由な曲線の組み合わせによる新たな装飾芸術を生み出しました。

映画・ドラマで楽しむ
アンティーク

3
ドラマ

「女王ヴィクトリア 愛に生きる」
Victoria

放送期間　2016年〜
放 送 局　ITV（イギリス）
製 作 者　ディジー・グッドウィン
出 演 者　ジェナ・コールマン、トム・ヒューズ

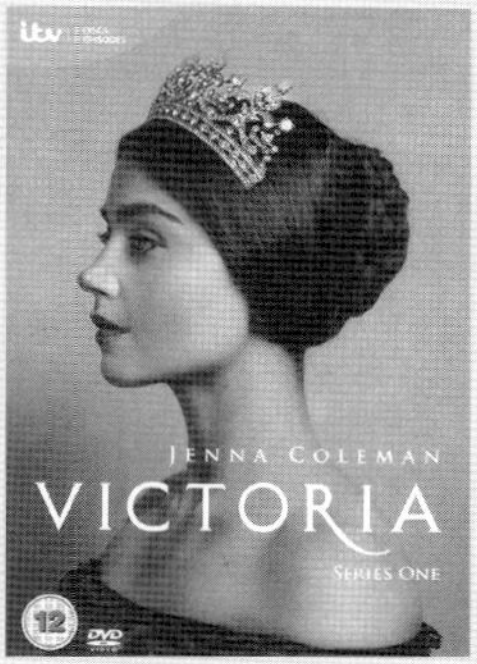

「ダウントン・アビー」で大成功した英国の民放テレビ局ITVによる歴史長編ドラマです。ヴィクトリア女王の即位から始まり、波瀾万丈《はらんばんじょう》の人生を描いた内容ですが、このドラマの興味深いところは、王室の使用人たちの生きざまも、さまざまなドラマを盛り込みながら丁寧《ていねい》に描いている点です。「ダウントン・アビー」を意識しての結果かもしれませんが、時代背景と王室という設定が異なるため、とても新鮮です。

またヴィクトリア女王という主人公に焦点があたるため、女王の部屋の家具や調度品などのアップが多く、この時代独特の多種多様な様式の日用品を、実際に使っている姿と合わせて楽しむことができます。アンティークファンには、毎回楽しみなドラマです。

（上）イングランド中部にあるウィティック・マナーはウィリアム・モリスによるインテリアとコレクションでは英国随一を誇っている。
©National Trust Images/ Andreas von Einsiedel

（左）1892年にモリスによる『ユートピアだより』（*News from Nowhere*）に描かれたモリスの自宅「ケルムスコット・マナー」。

COLUMN 4

トレードカードとカタログの誕生

トレードカードとは、一七世紀末にフランスのパリやリヨンのお洒落な高級店が、その顧客《こきゃく》や潜在的な顧客のために配った、宣伝を兼ねたビジネスカード（名刺）です。一八世紀になると、ロンドンでもさまざまな店がこのトレードカードを製作し、現代の名刺交換さながら社交界で交換されました。

　このトレードカードはいまの名刺よりも大きく、店舗の場所等も明記されていましたので、店舗案内の役も担っていました。また印刷技術の向上とともに、洗練されたデザインの美しいカードも出回るようになり、一九世紀後半には蒐集家の間で人気となりました。いまでもレアなアンティークのひとつとなっています。

　また一八世紀後期には、家具やインテリア建材メーカー、またハロッズやリバティなどによる商品カタログも出版されるようになり、英国に新住宅の建築ブームが巻き起こったことがわかります。美しいカタログで、購買意欲をかきたてる商法は、この二一世紀では、ネットサーフィンでのショッピングが大流行となっている英国となんら変わらないような気がするのは、私だけでしょうか？

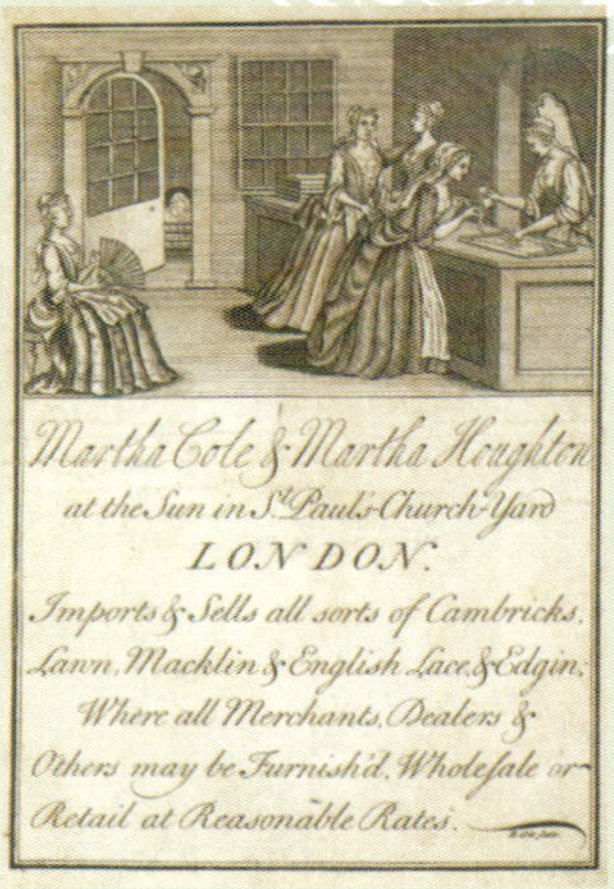

（上）1775年頃のロンドンのチェルシー窯とダービー窯の製造業者であったデュズバリーの手刷りのトレードカード。（右）1720〜30年頃のトレードカード。

1830年にロンドンに創立した百貨店ハンプトン＆サンズの1890年代のカタログより。カタログにはおよそ2000点の商品が網羅されていた。

1800年代、ロンドンで最もお洒落な通りペルメル（Pall Mall）にあったハーディング＆ハウエル商会のドレープ売り場の様子。ドレスの生地を吟味しオーダーメイドしていた。

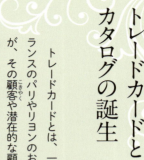

エドワード七世時代
Edwardian Britain 1901~1914

ファッション界の変革期

六三年という長い年月を統治していたヴィクトリア女王が崩御《ほうぎょ》し、長男バーディがエドワード七世として君主になったのは一九〇一年のことでした。エドワード七世が統治していた期間は、彼が亡くなるまでの一九一〇年までですが、国王崩御の四年後に勃発した第一次世界大戦までの期間を称して〈エドワード七世時代〉と呼ぶこともあるようです。

この時代の特徴は、エドワード七世自身が、コンチネンタル・ヨーロピアンの芸術と、ファッションの影響を受けたファッション・リーダーだったこともあり、ファッション界の大きな変革期にあたります。

女性の地位が向上した時代

また社会構造もさまざまな要因で、大きな変化を遂げました。そのひとつは女性の地位向上。また労働者階級が

映画・ドラマで楽しむ
アンティーク

4

ドラマ

「セルフリッジ 英国百貨店」
Mr. Selfridge

放送期間　2013年1月～2016年3月
放送局　ITV（イギリス）
製作者　アンドリュー・ディヴィス
出演者　ジェレミー・ピヴェンほか

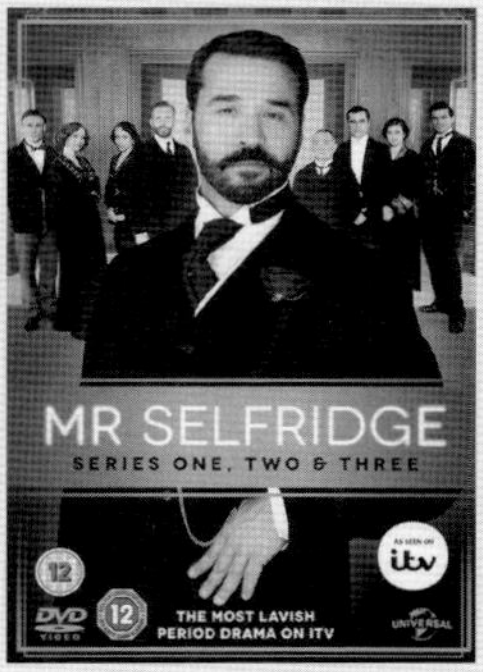

1910年代、米国シカゴ最大の百貨店マーシャルフィールド（現・メイシーズ）で活躍したハリー・ゴードン・セルフリッジが英国に渡り、ロンドンに米国式百貨店セルフリッジズを展開する半生を描いた歴史ドラマです。

シリーズ最初の冒頭シーンでは、ヴィクトリア朝時代から続く英国高級百貨店での接客の様子が描かれ、歴史好きには興味深い内容となっています。また、百貨店業界に新風を吹き込もうとするセルフリッジと、彼を取り巻く当時の英国上流階級や中産階級、百貨店で働く人々や、社会進出を果たそうとする女性たちの姿と、そのふだんの暮らしも描かれています。とくにアーツ＆クラフツを意識したセルフリッジの自宅のインテリアが素晴らしく、店頭の商品群とともにアンティークファンにとっては心躍る作品となっています。

ドラマ前半は控えめな性格だった次女のイーディス。後半は出版社の経営者というキャリアウーマンに成長する。当時の女性の社会進出を象徴しており、彼女を取り巻く小物やファッションも目を魅く。

1910年代の3姉妹のファッション。ヴィクトリア朝時代の窮屈なコルセットが外れ、身体にフィットした自然なドレス姿が初々しい。

市民権を獲得し、貴族階級はこれまでどおりの地位や権力を維持していくことが徐々に厳しくなってきました。近代社会、つまり現在の英国の社会構造に非常に近い形になってきた最初のジェネレーションでした。

この時代の社会の変革や上流階級の浮き沈みを知るには、英国のテレビドラマ「ダウントン・アビー」をご覧になるのが、一番わかりやすいのではと

（左）1925年代の優美なファッション。（上）貴族メアリーのお相手が地位も財産もないカーレーサーで、頼もしい義弟は元運転手。ドラマでは階級が緩やかに崩れるさまも描いている。

思います。とくに当時の上流階級の女性の装いの変化を、ドラマの画面を通して楽しむことができるでしょう。
アンティークという観点では、この時代の女性の社会進出に伴った事務用品の代表、タイプライターや電話機、

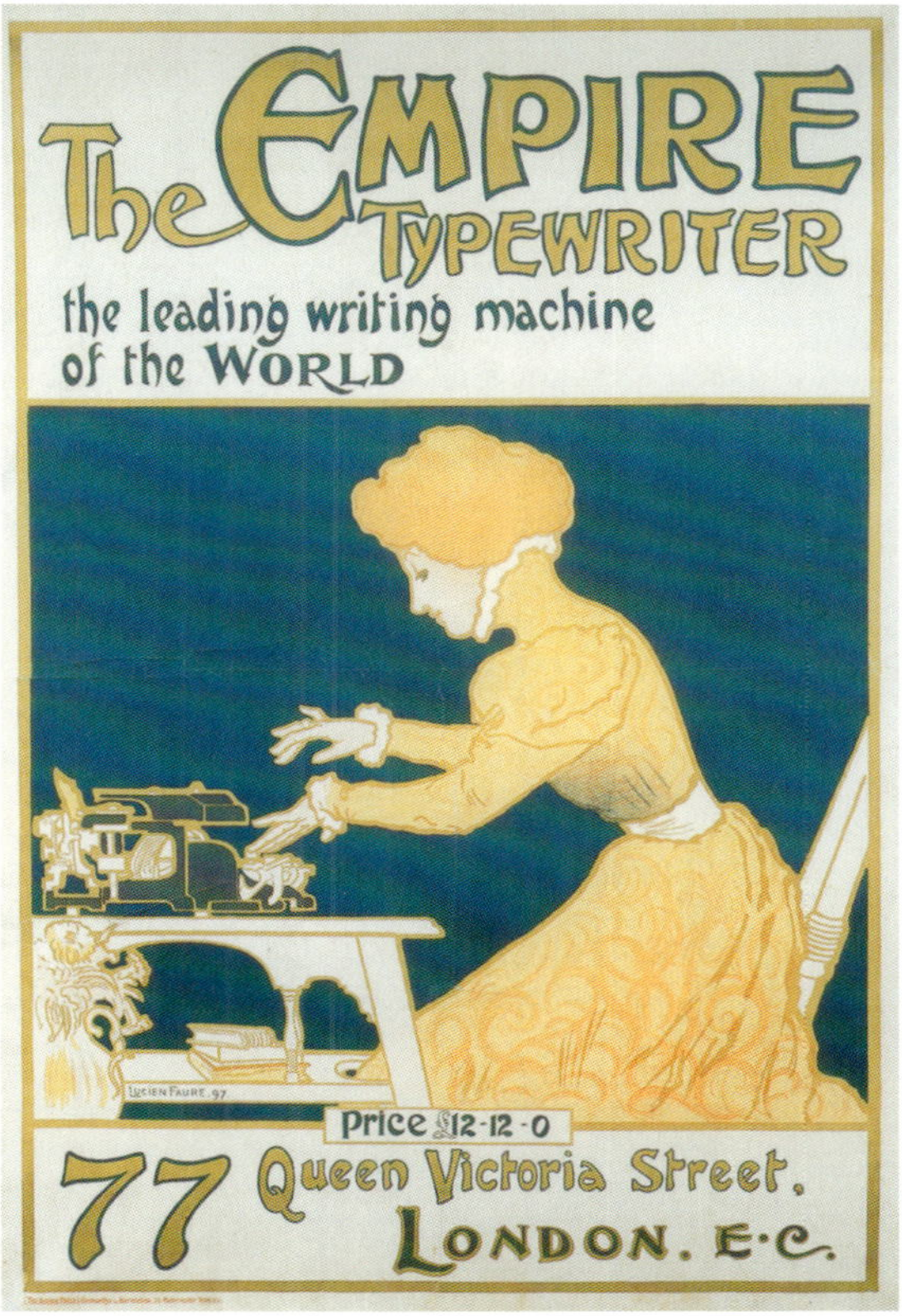

1897年のタイプライターメーカーのポスター。1900年代になると、メイドでもお金を貯めてなんとか購入できる値段になったことは「ダウントン・アビー」でも描かれている。

この時代になると電話も写真のような直立式から近代のダイヤル式電話の形状となってくる。このスタイルはアンティークでも貴重なもの。
©National Trust Images/John Hammond

貴族の館で楽しむ
アンティーク
4

ロイヤル・ハネムーンの舞台

ポレェズデン・レイシー
Polesden Lacey

ポレェズデン・レイシーはカントリーハウスとしては珍しい、淡いレモン・イエローのエドワード7世様式のモダンな邸宅です。館内に一歩足を踏み入れれば、そこにはこの館の最後のオーナー、マーガレット・グレヴィルの贅を尽くした室内装飾に目を奪われることでしょう。
マーガレットの父親はビール醸造で大成功を収めたウィリアム・マキューアンです。博愛主義者で億万長者のマキューアンの財産と知性を受け継いだマーガレットは、この館を当時の政界の社交の場として提供し、政財界の接待役的な役割を担いました。1923年にはハネムーンをすごすエリザベス2世のご両親、ジョージ6世夫妻をこの館に迎えました。当時の写真やディナーのメニューなども残され、興味の尽きないカントリーハウスです。

住所　Great Bookham, near Dorking, Surrey, RH5 6BD

またミシンなども、この時代のアンティークとして貴重な存在となっています。

さらに、このエドワード七世時代のジュエリーや、女性のコルセットがなくなったラフで洗練されたファッションは〈ヴィンテージ・ファッション〉として、アンティークの枠を超えて、とても人気があります。

女性の社会進出に伴い、高級な宝飾品よりも若い女性が気軽に楽しめるファンシージュエリーが流行った。1929年のハロッズのカタログから。

1910年代が舞台となったシーズン1では三女のシビルが当時としては大胆な最先端ファションで周囲を驚かせる。

映画・ドラマで楽しむ
アンティーク

5

ドラマ

「ダウントン・アビー 華麗なる英国貴族の館」
Downton Abbey

製作者　ジュリアン・フェロウズ
放送局　ITV（イギリス）
放送期間　2010年9月～2015年12月
出演者　マギー・スミス、ヒュー・ボネヴィル、ミシェル・ドッカリー

1912年に起きたタイタニック号沈没事故から始まるこのドラマは、第1次世界大戦を挟んだ1925年までの、英国貴族とその使用人たちを描いた歴史ドラマです。世界的なブームとなったこのドラマですが、実は最初は英国よりも米国で人気を博しました。逆輸入的なブームでしたが、撮影が行われているのはれっきとした現役の貴族の館です。ドラマに出てくる家具、調度品はもちろん本物。なかでも出演女性陣の衣装の時代考証の忠実さと素晴らしさは、数々の受賞歴からも証明されています。

華やかな上流階級の斜陽と相反して、台頭《たいとう》する労働者階級。その社会変化が、現代のアンティークの世界に影響を及ぼしたことが、ドラマを通じて詳しく知ることができます。

COLUMN 5

イギリスのアンティーク好きがハマる、歴史のお話

鉄道博物館で第２次世界大戦の疎開体験中。学校向けに10以上のプログラムが用意されている。

イギリス人がなぜアンティーク好きなのか、そしてアンティークの背景となる歴史を語るのが好きなのか？

テレビでもアンティーク番組に負けない数の歴史ドキュメントや、歴史ドラマがあり、テーマが歴史のみの月刊誌も人気雑誌のひとつに数えられています。そして、アンティーク鑑定士たちも英国ではタレント化していますが、「ヒストリアン」なる歴史の専門家たちも、テレビ出演が多く、その一部はタレント化した有名人が複数います。

しかも、テレビやドラマや雑誌で語られているのは、世界の歴史ではなく、あくまでも英国、もしくは英国と深いかかわりのある出来事ばかり……。この偏りは、英国に住む外国人（私）にとっては、ちょっとクビを傾《かし》げてしまうほどです。

しかしながら、英国での子育てを経験して、その答えを見出すことができました。

日本の歴史の勉強は、日本史、世界史ともに年代を追いながら、浅く広く学習していきますが、英国の歴史学習はまったく違います。

子どもが日本の小学校から英国の小学校へ転校したばかりの頃、まだ小学二年生（英国の三年生）でしたが、担任の先生から「次の学期の学習テーマは第二次世界大戦についてなので、授業を受けさせずに自習にしますか？」と質問されたのです。

小学校で戦争をテーマに授業を行うこと自体に驚きでしたが、その内容とは、まず美術の時間は、厚紙でガスマスク作り。理科社会の時間には、当時配給された食品類やその量を再現。実際にそれらを使ってパン生地をこねたり、簡単な調理体験。音楽の時間には、当時流行《はや》った軍歌を視聴。

つまり、国語と算数を除くほぼすべての教科を、過去の大戦をベースに学習していく……という授業内容でした。この学習方法はその学期に限ったことではなく、たとえば、その次の学期は一五世紀の英国テューダー朝時代をベースに授業が進む、といった具合でした。

そして、私に向けられた質問の真意は、「敗戦国日本の出身者として、子どもを授業に参加させますか？」という意味だったのです。実際、同じく敗戦国であったドイツ系の子どもたちは、世界大戦がテーマの授業には、親の意思で参加しないことが多いそうです。

そして、私が感心したことは、こうした授業を通じての子どもたちの習熟度の高さでした。それは日本の歴史授業では知りえない事柄まで詳細に話す子どもからも察することができました。

そして中学校では、これまた第二次大戦のD-dayについて、最前線にいた兵士の日記制作が宿題。高校で歴史を選択すれば、一年かけて近代史のほんの数年間の出来事を徹底的に分析学習。高校では「歴史」は選択科目ですが、歴史を勉強するということは、社会に出たときにさまざまな事象に対処する能力がつくということで、就職にも有利というのが英国では常識となっています。

したがって、とにもかくにも歴史大好きイギリス人が多く、アンティークの売買の際には、必ずその背景となる歴史のお話がついてきます。自国の歴史に誇りを持っているイギリス人だからこそ、昔ながらのさまざまなものが大切に受け継がれているのだと思います。

第3章

英国アンティークのスタイル

前章では、英国アンティークに影響を与えた歴史的な時間軸を追いましたが、本章ではアンティークに影響を及ぼした芸術・デザインの分野に絞りながら、英国アンティークに見られる代表的な様式をご紹介します。

ご渡英の際に、実際に私たちも訪問して目にすることができる歴史的建造物を通じて、アンティークが生き生きと輝いていた〈現役時代〉を、お楽しみください。

ジョージ王朝時代のアンティークスタイル

花柄の寄木細工が美しい"キドニー・テーブル"。キドニーとは腎臓の意味。
©National Trust Images/Nadia Mackenzie

ネオ・パラディオ様式
Neo-Palladian Style
一七一五～一七六〇年頃

パラディオ主義とは、一六世紀のイタリアの建築家アンドレア・パラディオ（Andrea Palladio 1508～1580）のデザインにもとづいた、当時の建築界に影響を及ぼした芸術思想です。パラディオは古代ローマの建物からインスピレーションを受けたといわれています。

ジョージ王朝時代の建築家たちは、このパラディオ主義をもとに、さらに英国らしい新しい様式を創出しようとしました。そして生まれたのが、ネオ・パラディオ様式やロココ様式、そして新古典様式でした。
英国におけるネオ・パラディオ様式の外観は、荘厳ながらもイタリアの建築より平凡でシンプルなものでした。なぜなら、当時王侯貴族たちから支持を得た建築家コーレン・キャンベルの著書『ウィトルウィウス・ブリタニクス』は、「アンティーク・シンプリシティ」（古代ギリシャ、ローマの古代芸術の簡略化）を視覚的に主張したもので、このことが当時の人気建築家たちに大きな影響を与えました。そう、この時代のイギリス人にとって「アンティーク」とは古代ローマ時代のものだったことがわかります。また、この時代のインテリアは外観とは対照的に、とても装飾的でした。このネオ・パラディオ様式は一七一五年頃から一七六〇年にかけて流行し、現在のアンティーク家具などを見ると、この時代の影響を受けたものがとても多いことがわかります。

ロココ様式
Rococo Style

一七一五年頃にフランスから派生したといわれるロココ様式ですが、英国では主に建築ではなく、家具、銀器、陶器類のデザインに用いられました。「ロココ」という名称は、フランス語のロカイユ（rocaille：岩）が由来となっています。意味は岩や壊れた殻を表すもので、この様式のデザインを構成するモチーフにもなっています。

貴族の館で楽しむ
アンティーク
5

ベニシアさんのおばあちゃまが暮らした
ケダルストン・ホール
Kedleston Hall

© National Trust / Sophia Farley & Denis Madge

京都・大原《おおはら》に暮らす、イギリス人ハーブ研究家のベニシア・スタンリー・スミスさん。日本ではすっかりお馴染《なじ》みで、このベニシアさんのお母様のご実家として有名になったケダルストン・ホール（ケドルストン・ホールと表記されていることが多いのですが、現地では「ケダルストン」と発音します）ですが、1759年に建造されたパラディオ様式建築の最高傑作のひとつです。

インテリアのほとんどと、館を望むランドスケープガーデンは、当時グランドツアーから戻ってきたばかりの若きロバート・アダムによるもの。アダムが設計したガーデンの神殿に感銘を受けて館の内装を任せた初代カーゾン公爵は、インド総督や外務大臣として活躍した人物で、館内にはインドをはじめとする素晴らしいコレクションのミュージアムもあります。

住所　near Quarndon, Derby, Derbyshire, DE22 5JH

こうした意味合いからも、このロココ様式は自然界の植物などを、曲線を多用して装飾的にデザインしたものが主となっていますが、フランスのロココ様式のものより、英国のほうが、モデルとしている動植物のモチーフを、より詳細に具象化しているのが特徴です。このロココ様式が英国でもっとも流行った時代は一七三〇年頃から一七七〇年頃までといわれていますが、この後のヴィクトリア朝時代も、数あるデザイン様式のひとつとして、家具や陶磁器、宝飾品などに多用され続けました。

（上）クレイドン・ハウスのグリーン・ドローイングルーム。壁と調度品の色を合わせるインテリアスタイルは貴族の館の定番。©National Trust Images/Anthony Parkinson
（左）北アイルランドのナショナル・トラスト、クール城の華やかな鏡。
©National Trust Images/Andreas von Einsiedel

シノワズリ
Chinoiserie

ロココ様式と非常に密接に関係していたのが、フランス語のシノワ（chinois：中国）が由来となっている中国趣味の様式、シノワズリです。このスタイルは中国のみならず、日本やその他のアジア諸国からの芸術、デザインに影響され生まれたスタイルです。

とくにこの時代の中国、日本からの陶磁器《とうじき》や絹《きぬ》、漆器《しっき》は、最高級でファッ

1750年製のトーマス・チッペンデールによるコンソール・テーブル。オリジナルは金メッキに大理石の天板だった。© National Trust / Sue James

ブライトンの〈ロイヤル・パビリオン〉。シノワズリを体現できる最高の場所だ。

ショナブルなものとして、英国の多くのデザイナーや職人が模倣しました。代表的なものとしては、〈ブルー&ホワイト〉の名称でアンティークの世界でも人気が高い、陶磁器類。また、多くのカントリーハウスには、シノワズリの壁紙や装飾を施した〈チャイニーズルーム〉が作られました。

英国のアンティーク・マーケットにシノワズリの陶磁器類や家具が多いのは、この時代の影響を強く反映しているためです。

このスタイルがもっとも流行ったのは一七五〇年から一七六五年頃で、そ

貴族の館で楽しむ
アンティーク
6

ナイチンゲールも暮らした ロココな邸宅

クレイドン・ハウス
Claydon House

©National Trust Images/Chris Lacey

ロンドンから車で1時間ほど、バッキンガムシャーの小さな村にあるクレイドン・ハウスはもともと巨大な邸宅だった西翼だけが残った建物で、その静かでこぢんまりとした佇まいには拍子抜けしてしまうかもしれません。ところが、その外観とは好対照に、館内の室内装飾はロココ様式の最高峰と評価されています。

このロココ装飾は、1996年に公開されたグウィネス・パルトロー主演の映画「エマ」でご覧いただけます。さらに2階には、イングランドで随一といわれるシノワズリスタイルの部屋があります。かつて同じフロアに、ここの当主の親戚だったナイチンゲールが暮らした部屋もあり、当時のままのインテリアや調度品に囲まれ、「クリミアの天使」と賞賛されたナイチンゲールを偲《しの》ぶことができます。

住所　Middle Claydon, near Buckingham, Buckinghamshire, MK18 2EY

の後は新古典様式に押され下火になりましたが、一八一五年に当時は皇太子であったジョージ四世によって大改造されたブライトンの離宮〈ロイヤル・パビリオン〉において、大々的にこのシノワズリが取り入れられ、その芸術的完成度の高さは、世界遺産として今日に残っています。

新古典主義
Neo-Classicism

新古典主義は、一七五〇年頃から英国とフランスで出現した芸術思想です。当時、それまでにない急激な経済成長のなかで、芸術家や建築家たちは、視覚芸術のすべての分野で表現できる〈永遠で有効な、真のスタイル〉を作り出そうと、野望に燃えていました。

そのスタイルとは、古代ギリシャと古代ローマのデザインにもとづいていました。このインスピレーションの主要な源は、一七三八年のイタリア、ヘルクラネウムと、一七四八年のポンペイで発掘されたローマ古代遺跡からといわれています。当時の文化人たちが、この古代世界に生命をもたらした発見に触発され、大いなるロマンを抱き、創作意欲をかきたてられたようです。

またこの時代、英国ではカントリーハウスの建築ラッシュと重なっていたこともあり、アンティークにかかわりの深いインテリアに大きな影響を与えました。

アダム様式
Adam Style

英国の新古典主義の牽引者《けんいんしゃ》のひとりであったロバート・アダム（Robert Adam 1728〜92）。彼はおよそ五年間にわたるグランドツアーで、ローマの

貴族の館で楽しむ
アンティーク
7

ロバート・アダムの家具に出会える
オスタリー・パーク&ハウス
Osterley Park & House

新古典様式を代表する大建築家、ロバート・アダムの手によるオスタリー・パーク&ハウスは、ロンドンから地下鉄で行くことができる、マナーハウスです。館内の調度品は国の文化財として、ロンドンのヴィクトリア&アルバート博物館が管理しているほど。そのなかにはロバート・アダム自ら設計した家具も多数含まれています。

駅から5分も歩くと、ここのゲートが見えてきます。門をくぐるとそこには一直線に伸びた緑深い並木道があり、その左右には広大な牧草地。ロンドン郊外の住宅街から一瞬にして、カントリーサイドに迷い込んでしまったかのような場所です。その素晴らしいロケーションのせいか、このオスタリーは建物も庭も、テレビの歴史ドラマや映画のロケ地としてたびたび使われています。

住所　Jersey Road, Isleworth, Middlesex, TW7 4RB (sat nav TW7 4RD)

古典建築や芸術を研究し、帰国後に「アダム様式」を確立させ、当時の英国でもっとも洗練された建築デザイナーとして大成功を収めました。

それは建築のみならず、インテリアのすべての要素、つまり天井や壁、床、家具、調度品の銀器や陶器に至るまで、すべてを独特の個性的なスタイルでデザインしました。現代風にいえば、当時の建築ブームにのって、建物から内装、家具などをトータルコーディネートしたのです。

その洗練された「アダム様式」は、当時の上流階級の人々の間で一大ブームとなりました。現在でも非常に人気があり、英国の建築とインテリアデザインに永続的な影響を与えたといっても過言ではありません。

ロバート・アダムが設計したオスタリー・パーク＆ハウスのエントランスホール。アダム様式の結晶のような美しさで、さまざまな映画のロケ地としても有名。©National Trust Images/John Hammond

ケダルストン・ホールにある1740年代のマイセン。全38個の紅茶とコーヒーの茶器セット。
©National Trust Images/Robert Morris

クール城のピアノに施された新古典主義のパネル。
©National Trust Images/Andreas von Einsiedel

オスタリー・ハウスにある1773年製のロバート・アダムデザインのコモド。
©National Trust Images/John Hammond

ヴィクトリア朝時代のアンティークスタイル

歴史主義と折衷主義
Historicism & Eclecticism

大英帝国の絶頂期を迎えたヴィクトリア朝時代、この六三年間にわたる長い歳月は、産業、文化、芸術のいずれもが発展し、成熟しました。この間のアンティークのスタイルを一言で表すことは困難でしょう。

建築、インテリアの観点では、一八世紀の新古典主義と二〇世紀の近代主義の狭間《はざま》に歴史主義が誕生しました。この歴史主義は、過去のさまざまな古典スタイルを復活させたものです。古代のギリシャやローマにもとづいたスタイルではなく、とくに直前の時代、すなわち中世のゴシックスタイルや近世のルネサンスが再評価され、〈リバイバル〉という形でよみがえったものです。

この歴史主義によって作られた家具や調度品は、中世のものを忠実に模倣したものも多く、この時代のものだと思ったら、実は本物の中世のものだった！ ということも起こり、アンティークの世界に、より彩りと楽しみ方が増したといってもいいかもしれません。

また折衷《せっちゅう》主義とは、その名のとおりあらゆるスタイルの〈いいとこ取り〉。産業革命によって飛躍的に向上した、技術力と生産性、世界中から集まる物資や文化、そしてあらゆる階級の購買意欲をかきたてるように、この時代のデザイナーたちは、できうる限りのアイデアを生かして、ものづくりに取り組みました。その結果誕生したのが、ヴィクトリア朝時代の折衷主義です。

ゴシックリバイバル
The Gothic Revival

ヴィクトリア朝時代の歴史主義から派生したスタイルとして知られているのは、一一世紀から一六〇〇年代にかけての建築や装飾芸術に触発《しょくはつ》された、

クリブデンのフレンチ・ダイニングルーム。ロココ様式の彫刻を施した鏡板と暖炉はパリ近郊で作られ、家具と鏡は1897年に部屋に合わせて設えられた。
©National Trust Images/John Hammond

壁のオークパネルはクリブデンの領主アスター卿によって改装され、奥の暖炉は卿がパリのオークションで競り落としたもの。1525年製。©National Trust Images/John Hammond

貴族の館で楽しむ
アンティーク
8

オペラの舞台さながらの華麗なる邸宅

クリブデン
Cliveden

後期ヴィクトリアにあたる1893年、アメリカの大富豪ウィリアム・ウォルドルフ・アスター、のちのアスター卿によって、歴史主義と折衷主義を見事に体現させたのが、このクリブデンです。もともとは「ダウントン・アビー」でも有名になったハイクレア城やウエスト・ミンスター国会議事堂を設計した大建築家、チャールズ・バリーによるものですが、室内装飾は1894年から翌年にかけて大々的に改装されました。

イタリアの宮殿を思わせるホール、フランスの王宮を模したようなダイニングルーム。さまざまな時代の最高の技術と贅を尽くした館内に、1936年にクリブデンを訪問した貴族で外交官、作家でもあったハロルド・ニコルソンは「ここに暮らすのは、まるでミラノのスカラ座の舞台で生活しているようなものだ」という言葉を残しています。

住所　Cliveden Road, Taplow, Maidenhead, Buckinghamshire SL1 8NS

ティンスフィールドのダイニングルームにあるゴシック様式を意識した彫刻が施されているオークのサイドボード。

同じくティンスフィールドにあるジョン・G・クレース＆サンズのXフレームチェア。1855年製。

中世のリバイバルスタイルです。主にノルマン、ゴシック、ジャコビアンのスタイルですが、これは、産業革命当時のイギリス人の過去に対するロマンティックなノスタルジアを反映していました。このスタイルが流行しはじめたのは一七九〇年頃。このブームは一八三〇年頃から一九〇〇年頃にかけて、流行ったゴシックスタイルが最盛期となりました。

このゴシックリバイバルは一九世紀のもっとも影響力のあるスタイルのひとつとなり、そのデザインは、中世に使われた形と様式にもとづいていまし

サリーのクランドン・パークにあるダイニングルームのウィングバックチェア。©National Trust Images/Anthony Parkinson

た。とくにそれらの根底には、中世の騎士道と恋愛などロマンティックなストーリーと結びつけ、消費者の心をつかんだようです。

　最盛期には宗教、階級にかかわらず、ゴシックスタイルの館が多数建造され、そのインテリアや家具などもこのゴシックリバイバルでそろえる家が多くありました。

アーツ&クラフツ
Arts & Crafts

一八六〇年代から八〇年代、ヴィクトリア朝時代の急激な産業化に対する反応として、生まれ発展したのが、アーツ&クラフツのスタイルです。

　その中心となったウィリアム・モリスは現在でも、英国史上もっとも重要で影響力のあったデザイナーの一人といわれています。モリスはとくに、現在のアンティークとしても人気が高い、家具、織物、壁紙、ステンドグラスなどの家庭用装飾品を幅広く製作し、当時の上流階級のインテリアを多く手がけました。

　そのスタイルの源泉はモリスをはじめとする運動に携わった人々の自

貴族の館で楽しむ
アンティーク
9

シャーロック・ホームズもお似合い?

ティンスフィールド
Tyntesfield

　イングランド南西部サマセットにあるゴシックリバイバル様式の傑作、ティンスフィールド（「ティンツ〜」と日本語で表記されていることが多いが、ここの初代責任者によると、「ティンス〜」が正解とのこと）。1863年から建築家ジョン・ノートンによって大改築作業が始まりました。館の主は実業家のウィリアム・ギブス。19世紀中期に肥料の資源であるグアノの貿易で莫大な財をなした人物です。この時代らしく、貴族でも地主階級でもない、中産階級出身の資本家がカントリーハウスを持てる身分になったことがわかります。

　ティンスフィールドはギブス家五代にわたって暮らした館であるため、館内の細々とした生活用品までもそのまま残っていた、今世紀最後の〈完璧《かんぺき》な〉ヴィクトリアンハウスと言われています。また2016年に英国で放映されたTVドラマ「SHERLOCK/シャーロック 忌まわしき花嫁」のロケにも使われ、ドラマのファンが絶えまなく訪れています。

住所　Wraxall, Bristol, North Somerset, BS48 1NX

貴族の館で楽しむ
アンティーク
10

美しい丘に建つ アーツ&クラフツの邸宅

スタンデン
Standen

ロンドンから緑深いイングランド南部へ小1時間ほどドライブすると、ウエスト・サセックスにあるナショナル・トラストのプロパティ、スタンデンに到着します。ここはウィリアム・モリスゆかりの邸宅。モリス商会によって設計され、1894年に完成しました。

設計者はモリスの親友で、モリス商会の家具デザイナーでもあったフィリップ・ウェッブ。内装はウェッブの家具、そして壁紙やカーテンなどのテキスタイルはすべてウィリアム・モリスの手によるものです。この2人の名匠によるオリジナル作品がもっとも良い状態で数多く保存されている場所が、このスタンデンであるといわれています。

住所　West Hoathly Road, East Grinstead, West Sussex, RH19 4NE

然保護主義と社会主義にもとづいています。それは、使用する材料の自然の特性を最大限に生かし、維持するというデザイン。また贅沢で余分な装飾を避け、シンプルなフォーム。さらに使用されたパターンやデザインは、英国の自然や田園風景から触発されたものをモチーフとしていました。

英国の田園風景、すなわち古くから伝わる農村での手工芸や古い技術を、ヴィクトリア朝時代に再び蘇らせ、人々の関心を向かせたのがこの運動で、そのスタイルは英国アンティークの世界でもヴィクトリア朝時代後期のものの特徴のひとつとなっています。

スタンデンにある19世紀後半のサイドボード。
©National Trust Images/Jonathan Gibson

モリスの壁紙「海藻」と電灯のスイッチボタンのクローズアップ。
©National Trust Images/John Hammond

モリスの家レッドハウスのダイニング。テーブルとドレッサーはフィリップ・ウェッブ作。©National Trust Images/Andreas von Einsiedel

第4章 上流階級のアンティーク

一八世紀から一九世紀にかけて繁栄した英国貴族の暮らしぶりをみると、ゴージャスなアンティークの数々に囲まれているように映りますが、当時としては最先端の流行を追いかけていたスタイリッシュな生活でもありました。
私たちにとっては歴史を感じとることのできるアンティーク。この章では王侯貴族に愛用され、英国のコレクターに人気の高いアイテムを中心に、その魅力に迫ってみましょう。

インテリア家具

アンティーク愛好家にとって、インテリアもアンティークでそろえたいと思うのはごく自然のことです。英国もしかり。とくに英国では日常生活の身近に、アンティークがゴロゴロとしていますので、「よし！」と思えば、家具をアンティークのみでアレンジするのも難しいことではありません。

しかしながら、同じ時代、同じ様式の、さらに家の雰囲気に合う素敵なアンティーク家具をそろえるとなると、並大抵のことでないことは、イギリス人も自覚しているようです。それは、遠い日本ではなおさらのことだと思います。しかしながら、日本でも魅力ある英国アンティーク家具を取り扱うお店は多くなってきていると思いますので、まずはアンティーク家具の代表的なスタイルや日本家屋にも取り入れやすいアンティーク家具をご紹介しましょう。

クイーン・アン様式の家具
Queen Anne style furniture

クイーン・アン様式とは、一八世紀初頭にイングランドを統治していたアン女王の時代を中心に、その前後も含めた一六八〇年代から一七六〇年前後までに流行ったスタイルです。

その特徴を英国風に表すと〈軽快で快適〉。日本の家具と比べ英国の家具に〈軽快〉という言葉は似つかわしくありませんが、それはあくまでもこの様式の前時代の家具に対しての評価です。「一昔前のものより、小さくて、軽くて、快適だわ」と、当時の上流階級の人々は、より軽快になった新しいスタイルの家具を買い求めました。

この様式での家具で、一般的に使用されていたものは、たとえば「カブリオレ・レッグ」と呼ばれる、いわゆる〈猫

キラートンのミュージックルーム。1800年代のライティングテーブルやカルテットテーブルなどさまざまなアンティーク家具と出会える。

脚〉に代表される動物や鳥の脚を模した湾曲のある脚付きテーブルや椅子。またクッション付きの座席や「ウィングバック」と呼ばれる安楽椅子（四六頁写真参照）。そして実用的なライティングテーブルなど、現在のアンティーク家具としておなじみのものです。

日英間の輸送コストが高額になってしまうのは、アンティーク蒐集家にとって頭痛の種ですが、この時代の英国での家具の快適な〈小型・軽量化〉が、日本における英国アンティーク家具の蒐集に恩恵を与えていることは、事実のようです。なにしろ、これ以前のテューダー、ジャコビアン様式の家具は、重厚で質実剛健、おまけに権力の象徴であるかのごとく大きな家具が多かったので、日本家屋にあまり似つかわしくないどころか、海を渡ることも容易ではなかったはずです。

クイーン・アン様式の家具を特徴づけるその他の要素としては、装飾よりも線と形に重点が置かれていることです。曲線を多用した脚部分に対し、シ

（中左）ライティングテーブルは使う者によって、そこに置かれている小物が異なるのも楽しみ。（中右）アイリシュ・チッペンデール様式のオークのサイドテーブル、1760年製。
©National Trust Images/Andreas von Einsiedel

（左）リボン状の薔薇柄が優雅なサテンウッドと曲線を強調した寄木細工のコモド。1770年代頃。貴族の館には趣向を凝らした家具が多い。
©National Trust Images/Robert Thrift

チャーク城のドローイングルーム。手前は19世紀のカブリオレ・レッグのオークテーブル。左奥は18世紀初頭の日本柄のキャビネット。右奥のディスプレイキャビネットは1753年のオランダ製。

ンプルなテーブル面など。また家具の脚先が〈パッド・フット〉と呼ばれる扁平《へんぺい》な形をしているのも、この時代の特徴といわれています。

　このクイーン・アン様式は後期バロック様式と呼ばれることもあり、いずれにしても、この時代の高級家具の様式と判断されています。主な素材はウォールナット（クルミ）で、かつて家具材のほとんどを占めていたオーク材に代わり、この時代を〈ウォールナットの時代〉と称するまでに至っていますが、チェリー（サクラ）やメープル（カエデ）もこのクイーン・アン様式家具に多用されていました。

ダイニングを彩る、アンティークテーブル

Drop Leaf Table & Draw Leaf Table & Tilt-Top Table

　一八世紀以降、英国の上流階級の暮らしのハイライトシーンといえば、ディナー（晩餐会）かボール（舞踊会）。なかでも毎晩のディナーは、家族だけの時もあれば、大切なゲストをおもてなしする日もあり、その状況に応じて、料理だけではなく、さまざまなアレンジがされていたはずです。

　そして、その舞台に欠かせないのがディナーテーブルです。デザインや素材、大きさによって雰囲気はさまざまですが、ディナーテーブルほど部屋全体の雰囲気を〈英国らしく〉演出してくれるものは少ないかもしれません。

　また、ディナー前の歓談や、アフタヌーンティーなど、ちょっとした集いに役に立つのは、小振りなサイドテーブルです。いずれもイギリス人の暮らしに欠かせない家具のため、アンティークの数も種類も豊富です。お気に入りを探し出して、一生のお付き合いをめざしてください。

ドロップリーフテーブル

　一七世紀初頭から〈ゲイトレッグテーブル〉として、流行りだした形態で、多くは円形テーブルの両サイド、もしくは片サイドが蝶番《ちょうつがい》によって下に垂れ下がり、コンパクトになります。現在でも、貴族の館の客間や、玄関、コリドー（廊下）などで、必ずといってよいほど目にすることができます。上流階級を中心に高い需要があったので、

ノステル修道院のダイニングテーブル。ローズウッドとマホガニーで1830年頃の製作。11枚のリーフからなり、最長は8.5mで、この部屋をはみ出してしまうほどになる。© National Trust Images / Dennis Gilbert

（上）「ダウントン・アビー」でたびたび登場するダイニングシーンでは、人数や用途に合わせてドローリーフテーブルのサイズを変えているのがわかる。（下）使い勝手のいいサイドテーブルも頻繁に登場している。

1675年製のゲイトレッグのドロップリーフテーブル。シダーとオークが材料に用いられている。
©National Trust Images/ John Hammond

ケダルストン・ホールにあるドローリーフテーブル。脚はヴィクトリアン・バラスターと呼ばれている形。

デザインもエレガントなものが多く、英国アンティークの世界でも非常に人気が高い家具のひとつです。

一七九〇年頃からは、〈ソファーテーブル〉という名称で、ソファーに腰掛けて使用する大きさ、高さのものも流行りました。

ドローリーフテーブル

英国では一六世紀中頃に導入され、二〇世紀初めに復活した拡張テーブルの一形態です。ディナーにお迎えする

貴族の館にはたいがいある半円のテーブルの正体は円形のカード・テーブルだ。折り重なっている天板を広げ、後脚が動くようになっている。

クランドン・パークのダイニングルームにある真鍮と真珠貝の象嵌細工が施されたティルトトップ・ティーテーブル。

ジョージ3世時代のサテンウッドカード・テーブル。

ゲストの数によって、長さを変えられるため、現在に至るまで、ディナーテーブルとして非常に人気があります。

ティルトトップテーブル

天板が水平の位置から垂直の位置に回転、傾斜し、畳める形態になっているものです。使用しないときは、小さなスペースに納めることができます。もともとこのアイデアは、主に、ティータイムや類似の機会に使用されるのを目的に、随時収納や移動ができるテーブルとして使用されていました。

一九世紀には、技術の向上とともに、非常に大きな円形のダイニングテーブルも傾斜させることができるようになり、使用していないときに壁面に置くことができました。また卓上には、さまざまな技巧を凝らした装飾的な模様や精巧なパターンを施されるテーブルも製造されるようになり、上流階級の人々を刺激したようです。

英国で人気のアンティーク ゲーム＆カード・テーブル
Game and Card Tables

英国アンティーク家具のなかでも、比較的小型で購入しやすく、サイドテーブルとして日本の家にも取り入れやすいのが、ヴィクトリア朝時代に流行ったゲームやカードを楽しむための専用テーブルです。イギリス人に人気のアンティーク家具のひとつとして、ここでご紹介しましょう。

まず歴史を見てみると、トランプカードに特化したカード・テーブルは一八世紀初頭に登場したといわれています。素材はマホガニー、長方形で両サイドが折り畳み式の天板と、カブリオレ・レッグを特徴としていました。その後、ウォールナット製で、脚を折り畳むことができるカード・テーブルも加わります。この形の脚は木製ネジに

ヴィクトリア朝時代になると中産階級の家庭でも夕食後の楽しみとしてカードゲームはポピュラーとなった。

ウィリアム＆メアリー様式の寄木細工のカード・テーブル。折り畳むと半分の幅になり、ちょっとしたサイドテーブルになる。

©National Trust Images/Anthony Parkinson

英国アンティークの世界でも人気が高い18世紀フランス製のロココ調の取手金具がついたカード・テーブル。

© National Trust / Susanne Gronnow

よって支えられていました。

一八世紀の間に、カードゲームはよりファッショナブルなものとして、社交の場では欠かせないものとなっていきました。この時代の王侯貴族を扱った小説やドラマのなかに、晩餐会のあとにカード・テーブルを囲んでゲームに興じる場面が多いことからも、よくわかると思います。そうした需要の伸びと並行して、家具職人の技術も向上しました。

一八〇〇年までに、サテンウッドのテーブルが普及し、それらの特徴は四角形または円柱の先細りの脚でした。テーブルの形状はうねるような曲線が特徴とされるサーペンタイン、円形、楕円形、D形など、そのすべてが流行し、より多様化しました。デザイン的にもっとも優れていたのは摂政時代のものといわれています。

一八世紀後半から一九世紀にかけて、いくつかのテーブルは天板を支える四本の脚を持っていましたが、そのほかにも一本脚とその台座で支えるテーブルも人気を集めました。また、丸い天板を旋回させて折り畳むことのできるコンパクトタイプのカード・テーブルも製品化されています。

さて、当時の王侯貴族が使っていたようなカード・テーブルはお値段もさることながら、なかなかアンティーク市場でお目にかかるのは難しいのが現状です。しかし、一八〇〇年代初頭までは酒樽やスツール（背のない腰掛け）でゲームに興じていた庶民が、産業革命を迎えやがて工業化と都市化した生活のなかで、余暇の時間を持つようになり、経済的な余裕も生まれ、それらは一般家庭用家具にも反映されてきました。

つまり、それまでは上流階級に限られていたカード・テーブルが、多くの中産階級層にまで、夜のひと時、とくに自宅の夕食にゲストを招待したホストとして、夕食後のゲームは、〈ファッショナブル〉な生活ぶりを演出するための必須アイテムとなっていきました。そのため、キャビネットメーカーが、中産階級層向けに、洒落たカード・テーブルを量産し始めたのです。したがって一九世紀半ばには、カード・テーブルは中産階級の上昇志向の強い家庭に、数多く普及していったのです。そうした製品が、現在アンティーク市場に多く出回っています。

COLUMN 6

英国式アンティーク家具の買い方とお手入れ方法

ナショナル・トラストで使用されている家具用ポリシュ。オンラインで日本からも購入できる。https://shop.nationaltrust.org.uk

ではここで、アンティークのカード・テーブルを購入する際に考慮したいポイントをあげてみましょう。ここでの注意事項は、その他のアンティーク家具を購入する際にも役立つことでしょう。

【素材】使用されている木材の品質と使用方法を考慮しましょう。また外側は一種類の木材で作られているか、もしくはハイクオリティな仕上げとなっているか注意してください。さらに、表からは見えない、引き出しや底板などの内側に安価な木材を使用していないか、よく確認しましょう。

【デザイン】木には特別な象嵌《ぞうがん》細工や細かい彫刻がありますか？これは価値を高めます。またアンティークのカード・テーブルの脚は、華やかなものがより価値がありますので、根気よく探すことも大切です。

【コンディション】各部位の安定性を確認しましょう。揺れないか？テーブルの上部を開き、トランプ台の表面を確認しましょう。緑色のラシャにシミや風化がないかどうかを確認します。

【オリジナリティ】生産時の機能をすべて保持している場合、カード・テーブルの価値はアンティークとして、とても評価されます。

貴族の館のドローイングルームにはあることの多いカード・テーブル。普段は畳まれているのでサイドテーブルと間違えることも。4角の円筒コーナーはろうそくを置いて手元を明るくするため。楕円形のへこみはウェルズというコインや紙幣の置き場。

【仕上がり】擦り傷や損耗、また傷があった場合などは、その傷が最近のものか確認しましょう。さらに風化や虫食い穴がないかも確認してください。

そしてお手入れ方法ですが、日本ではあまり知られていない、イギリス人が普段気をつけている点をご紹介しましょう。

まず、直射日光は木肌を痛めるので、極力避けます。一般に公開されている貴族の館がカーテンをさげて暗くしているのはそのためです。また西日のあたる日当りの良い部屋が英国では不人気なのは、紛れもなく家具や調度品が痛むのを避けているためです。もうひとつの大敵は湿気と高温です。英国のティータイムや食卓に欠かせないのが家具を高温から守るためのコースターやテーブルカバーです。日本でコースターなしでお茶を出されると、どこにコップを置いていいのか戸惑ってしまうイギリス人がいたら、きっとその人はアンティーク家具を大切に使っている人と思って間違いないでしょう。とにもかくにも、イギリス人がアンティーク家具に対して一番嫌っているのは、直射日光と熱いお茶が注がれているカップの底による輪ジミです。

チッペンデール中国スタイルのマホガニーのブレークフロントキャビネット。
© National Trust / Sophia Farley

トーマス・チッペンデールとロンドンの家具メーカー

二〇〇八年九月、ロンドンのクリスティーズで、マホガニーのアンティークキャビネットが二七二万九二五〇ポンド（約三億九〇〇〇万円）で競り落とされ、大きなニュースとなりました。

この家具の生産者はトーマス・チッペンデール（Thomas Chippendale 1718～79）。英国アンティークの世界における家具の分野で、もっとも名の知れたジョージ王朝時代の家具デザイナーです。

英国北部のヨークシャーにある彼の生誕地には、「世界的に有名なキャビネットメーカー」と解説された青い銘板が掲げられています。チッペンデールの名を有名にしたのは、彼が一七五四年に出版した『紳士とキャビネットメーカーのダイレクター』という図版本でした。それは一六一種類もの彼が考案した家具の設計図が収まった本で、たちまち上流階級を中心に大きな話題となり、一七六二年までの間に三巻まで出版されました。英国における自社宣伝のために出版された本としては初めての試みで、チッペンデールが運営していた家具製造会社の、いわば商品カタログでもあったのです。

この成功によって、チッペンデールは多くの顧客を確保しました。そのな

チッペンデールの工房によるライティング＆ドレッシングテーブル。
©National Trust Images/Anthony Parkinson

かには、貴族、紳士、俳優、また政治家など、当時の上～中流階級が多数含まれていました。現在でも、英国中のカントリーハウス、どこをみても、このチッペンデール様式の椅子やキャビネットは、〈必ず〉といってよいほど目にします。当時チッペンデールが提供した家具は、それまで英国では類を見ないほど、最高級かつ、豊富な品揃えだったといわれています。

　チッペンデールのデザインの特徴は、フランスから派生したロココ様式を意味する「ゴシック、シノワズリ、そしてモダンなテイスト」を英国の貴族の館に合うようにアレンジを加えた、お洒落で機能的なものでした。そして、顧客の多くが、彼の出版した『ダイレクター』のデザインそのものではなく、それを自分たちの館のインテリアに合わせた新たな家具を特注したため、現在のアンティーク市場にも、さまざまな異なるデザインのチッペンデール様式の家具が存在する結果となっています。

　一七六〇年代、チッペンデールの工房があったロンドンのウエスト・エンド、セント・マーティンズ・レーン界《かい》隈《わい》は、ロンドンの家具メーカーが数多くあり、家具取り引きの中心地として賑わっていました。チッペンデールは、まさしく「ダイレクター」として、四〇人以上の職人を雇い、同じくウエスト・エンドで工房を開いていた優秀な

ロバート・アダムが設計したケダルストン・ホールにあるトーマス・チッペンデールの椅子。アダムとチッペンデールはたびたびコラボレーションしていた記録が残っている。

“ジョージ３世グリーン”といわれる彩色に金細工を合わせたシノワズリスタイルのクローゼット。チッペンデールによる1771年の作。
©National Trust Images/Andreas von Einsiedel

チッペンデールスタイル家具が目立つティンスフィールドのシッティングルーム。©National Trust Images/Steve Stephens

チッペンデール作のケダルストン・ホールの椅子は2016年に修復された。

家具デザイナーたちと、たびたびコラボレーションしていたようです。そのなかには、王室や貴族の館の家具を数多く手がけたジョン・シャノンやウィリアム・ヴィールやジョン・コブがいました。いずれもこの時代の優れた家具デザイナーで、現在、彼らの作品の多くは歴史的建造物や博物館のなかに収められています。

また、チッペンデールは家具製造の同業者だけではなく、当時人気の高かった建築家とのコラボレーションも多く、そのなかにはロバート・アダムもいました。

貴族の館で楽しむ
アンティーク
11

チッペンデールの家具を堪能できる

ノステル修道院
Nostell Priory

©National Trust Images/Matthew Antrobus

ウエスト・ヨークシャーにあるノステル修道院は、ヘンリー８世によって解体された修道院跡地に建てられた、パラディオ様式の荘厳なカントリーハウスです。1729年にグランドツアーから戻ったローランド・ウィン卿によって、翌年から建造が始まりました。ウィン卿から館の設計を依頼されたのはロバート・アダム。そして室内家具を依頼されたのはトーマス・チッペンデール。ジョージ王朝時代の、この偉大な２人のデザイナーの競演を堪能することができる貴重な歴史的建造物となっています。

とくにチッペンデールの家具コレクションでは世界的に有名で、チッペンデールファンであれば一度は訪れたい場所です。また、イタリア絵画の優れたコレクション、さらに1735年から1740年の間に作られたドールハウスも大変有名で、いずれもロンドンの美術館以上の価値があると賞賛されています。

住所　Doncaster Road, Nostell, near Wakefield, West Yorkshire, WF4 1QE

1921年以来ドールハウスのコレクターとして知られるナンニングトン・ホールのカーライル夫人によって製作された摂政時代のゲームルーム。©National Trust Images/J. Whitaker

COLUMN 7

プリンセスの人形の家

英国旅行の際に、アンティーク・マーケットで見つけたお気に入りの家具を気軽に持ち帰ることはできませんが、ミニチェアだったらどうでしょうか?

椅子やテーブル、シルバーウェア、ティーカップ等々、すべてがひとつのポケットに収まってしまいます。そんな願いを叶えてくれるのが英国のドールハウス。なかでもヴィクトリアン・ドールハウスといわれるアンティークのドールハウスの小物たちは、当時の一流メーカーが特注で手がけた〈本物〉がたくさんあります。

ドールハウスの歴史は長く、ドイツがとくに有名ですが、英国では一六六〇年の王政復古以降に上流階級を中心に〈英国製〉のドールハウスが珍重され、現在に至っています。一七〜一八世紀の英国ではドールハウスではなく、〈ミニチュア〉の意味から〈ベビーハウス(Baby House)〉と呼ばれていました。

二〇一五年には、アンティークのドールハウスとして、英国でもっとも重要とされているアッパーク・ハウスのベビーハウスについて、オックスフォード大学でその用途などの解明のためにさまざまな研究が行われました。当初のドールハウスは、子どものための玩具ではなく、王侯貴族が大人のために豪華な調度品として贈ったり、贈られたり、いずれにしても「わが家ご自慢のベビーハウスをご覧ください」と披露《ひろう》していた……というのが一番有力な説とされています。

その証拠ではありませんが、ドールハウスの家は当時一番人気があったといわれるバロック様式。各部屋のインテリアや小物類も、おそらく当時の上流階級であれば、見たとたんに感嘆するほどの出来映えです。その代表例は、ヨークシャーのノステル修道院にある「ブラケット・ベビーハウス」です。シルバーウェアは、

1735 年から1740年にかけて作られたアッパーク・ハウスのドールハウスのインテリア。本物と見間違うほどの精巧さ。
©National Trust Images/Sheila Orme

貴族の館で楽しむ
アンティーク
12

300年の歴史を語る人形の家

アッパーク・ハウス
Uppark House

©National Trust Images/Nadia Mackenzie

もしあなたがドールハウスのファンであれば、ぜひ訪れてほしいのが、南イングランドの美しい丘陵地帯にある貴族の館、アッパーク・ハウスです。ロンドンからも車であれば1時間ほど、国立公園にも指定されているサウスダウンの美しい丘に建つ館は、17世紀の高名な建築家ウィリアム・トールマンによるものです。

この館の見所はもちろん、18世紀のドールハウスとしてもっとも貴重だといわれている、ダウンステアーズの特別室にあるドールハウスです。その大きさと美しさは、王室のドールハウス以上とも言われています。

また同じフロアの使用人たちの部屋や仕事場も、忠実に再現されています。家主が暮らしたアップステアーズに負けない、充実した展示をご覧になることができるでしょう。

住所　South Harting, Petersfield, West Sussex, GU31 5QR

チッペンデール作といわれるノステル修道院のドールハウスのクローズアップ。1735年製。©National Trust / Robert Thrift

1906年にデヴォンにあるドロゴ城の長女のために製作されたドールハウス。©National Trust Images/John Hammond

ホールマークが付いた正真正銘の純銀製。そして家具はすでに英国のみならず世界的にその名が知れ渡っていたトーマス・チッペンデールによる特注家具。さらに壁紙やそのほかの小物も、当時としては一流の工房にわざわざこのドールハウスのためにミニュアを作らせています。

この凝りに凝ったドールハウスへの執着は、現在の英国でも連綿と受け継がれています。アンティークにしろ、ヴィンテージにしろ、英国の家をそのままご自分のお気に入りのスペースに再現できることが、ドールハウスの魅力です。

ヴィクトリアン・ファニチャーの魅力

ヴィクトリア朝時代の家具は前章でご紹介したアンティークスタイルと同様、多岐《たき》にわたっています。ジョージ王朝時代には王侯貴族や広大な領主などの上流階級のみに限られていた高級家具の消費者の裾野が、産業革命の繁栄によって一挙に広がったということ。さらにさまざまな顧客のリクエストに合わせるように、家具メーカーもデザインや品質を競い合った時代であり、またアーツ&クラフツ運動に触発された、自然主義にもとづいた家具が生まれたことも、その多様性に魅力を加えた結果でしょう。

ではここでは、複雑で多様化したヴィクトリア朝時代の家具をスタイルごとに簡単にご紹介しましょう。

中世とテューダー様式

中世の重厚で力強い彫刻を施した家具は、かつての富や権力の象徴でもあったために、ヴィクトリア朝時代に成功した新しい富裕層に人気がありました。全体的なスタイルはノルマンやゴシック様式を採用し、彫刻などの装飾は一四世紀の家具や芸術にもとづいた騎士や女性を主題としたロマンティックな情景をモチーフとしたものが多く見受けられます。

アーツ&クラフツ

このスタイルの家具をひとくくりで解説するのは無理ですが、アーツ&クラフツ運動に共鳴するデザイナーたちは共通の哲学を持っていました。それはモノづくりに対する〈誠実さ〉。中

ゴシック様式を意識した鏡付きカップボード（右）と、左は安全のために一見ドアのように見せかけている宝飾品用箪笥。
©National Trust Images/Andreas von Einsiedel

ウィリアム・モリスのレッドハウスのダイニングルーム。テーブルはフィリップ・ウェッブの作。©National Trust Images/John Hammond

世の伝統的な手工芸と同じく、生産者がすべての工程を担当し作り上げるというものでした。その完成されたスタイルはさまざまですが、洗練された古典的な形態。また自然界から触発されたモチーフを多用していました。

ジャパニーズスタイル

一八五三年、日本への黒船来港とともに鎖国《さこく》が解かれ、日本独特の芸術文化に触れた西欧の芸術家たちの間で日本文化の一大ブームが巻き起こりました。日本の様式美を取り入れ製作された家具は、英国上流階級にとって当時、もっともファッショナブルなものだったといえます。日本特有の花鳥の文様や漆《うるし》を取り入れ、形態もそれまでの英国にはない、まったく異なる家具となりました。

リバティスタイル

一八七五年五月、ロンドンのリージエント・ストリートに開店したリバティ。日本でもペイズリー模様の代名詞のごとく有名ですが、リバティが生産した家具は、当時〈リバティスタイル〉として、ハイセンスな都会の上〜中流階級の人々に大きな支持を得ました。それはアーツ&クラフツの要素と、日本やインドなど異なる文化のエッセンスも加えた英国生まれの家具として、非常に魅力的な色彩を放っていました。

キングストン・ホールのエントランスホール。両サイドに置かれているのはジャパニーズスタイルを強調したブロンズの鶴。©National Trust Images/Richard Pink

南イングランドのスタンデンにあるアッシュウッドの洗面台。1894年のリバティ製。© National Trust / Jane Mucklow

COLUMN 8

イギリス人の悩みどころ、アンティーク vs イケア

日本で〈英国アンティーク家具〉と聞くと、ちょっと高級すぎて高嶺《たかね》の花……と思われている方も多いと思いますが、ここ英国でのアンティーク家具事情はかなり異なります。何しろ、日英間の輸送コストがかかりませんので、拍子抜けするほど安いアンティーク家具と出会うことができます。それはアンティークショップやアンティーク・フェアだけではなく、町中のセカンドショップにも、近年では家具専門の店舗が増えてきたため、数ある中古家具に埋もれて「アレ？」という掘り出し物アンティーク家具と出会うことも多くなりました。

そこで、インテリアの模様替えが大好きなイギリス人の悩みが発生するのです。

おウチ大好きイギリス人を反映して、英国では家具量販店の〈イケア〉が大繁《はん》盛《じょう》しています。日本での店舗数は現在一〇店舗（二〇一七年秋）のようですが、英国では二三店舗もあります。店舗の規模は、おおよそ世界共通していますので、日本とほぼ同じ国土面積、さらに人口はわずか半分の英国に、倍の数の店舗数があるということは、〈イケア〉がどれだけイギリス人にウケているか、おわかりになると思います。ちなみに、英国では「アイケア」もしくは「アイキア」と発音しないと通じませんので、現地ではご注意ください。

英国ではアンティーク家具も、とても身近に手軽に手に入れることができるので、家具を新しく調達する際、イケアにしようか、アンティークにしようか、本当に真剣にこの二択で悩むイギリス人が多いのです。なぜでしょう？

英国の場合、日本のお嫁入り道具のように、一生持つような立派な家具を若い時点でそろえることは滅多にしません。若いうちは自分たちの身の丈に合った家に家具をそろえようとします。当然ですが、その際の第一の選択肢は、今ならイケアということになります。

やがて、幼い子どもも育ち、夫婦で落ち着いた生活を迎える頃、いよいよアンティーク家具をじっくりそろえていくか、それとも使い慣れたイケアのバージョンアップか、はたまた現在、王室メンバーをはじめ、英国の上流階級御用達《ごようたし》の百貨店〈ジョン・ルイス〉でそろえるか、それは一年も二年も悩みながら、じっくり自分たちの気に入る家具を追い求めるのがイギリス人のライフスタイルです。

さらに、こういった家庭で使う家具や調度品、電化製品なども、ここ英国では、その最終決定を下すのは、奥様ではなく、ご主人だったりします。なぜなら、英国では財布の紐《ひも》を握るのは、夫の役目だからです。

チッペンデールが「紳士のための」カ

ファッションライフ

旅行ブームとアンティーク

英国の歴史をみると、一八世紀は上流階級の暮らしが大きく変わり、一九世紀になると上流階級以外のあらゆる階層の暮らしが、劇的な変化を遂げた時代でした。その背景にあるのは、もちろん七つの海を制覇《せいは》した大英帝国の繁栄であり、産業革命による技術革新でした。

そして馬車から蒸気機関車へと、国内外の交通機関の発達に伴い、まず上流階級の人々の間で旅行ブームが起こりました。やがて庶民の生活の場がカントリーサイドから都会へ、仕事の場も農場から工場へと変化し、その結果生まれた〈休日〉という概念と、窮屈《きゅうくつ》で不衛生な都市生活による反動から、人々をカントリーサイドや行楽地《こうらくち》へと向かわせました。英国中の人々が〈休暇は旅行へ〉という発想に至ったのです。

こうした旅行の一大ブームにのって、需要が大幅に伸び、結果アンティークのなかでも人気のコレクティブル（蒐集物）になったものがあります。

ヴィトンもグッチも敵わない ブリティシュ・トランク

一八五四年、パリに世界初となる旅行用トランクの専門店を創業したルイ・ヴィトン（Louis Vuitton 1821〜

英国のいたるところにあるアンティーク家具の店。とくにコッツウォルズなどはとても充実しており、量販店に劣らない品揃えだ。
©Drawer/Hitomi Sasaki

タログで成功したことも、それを物語っています。また同じ日本車のコマーシャルでも、日本は女性向けの内容、英国ではあくまでも男性目線で「いいな」と思わせる内容に変えています。イケアが日本で伸び悩むのは、もしかしたら英国と同じ方式で、男性目線の宣伝方式だからかもしれません。

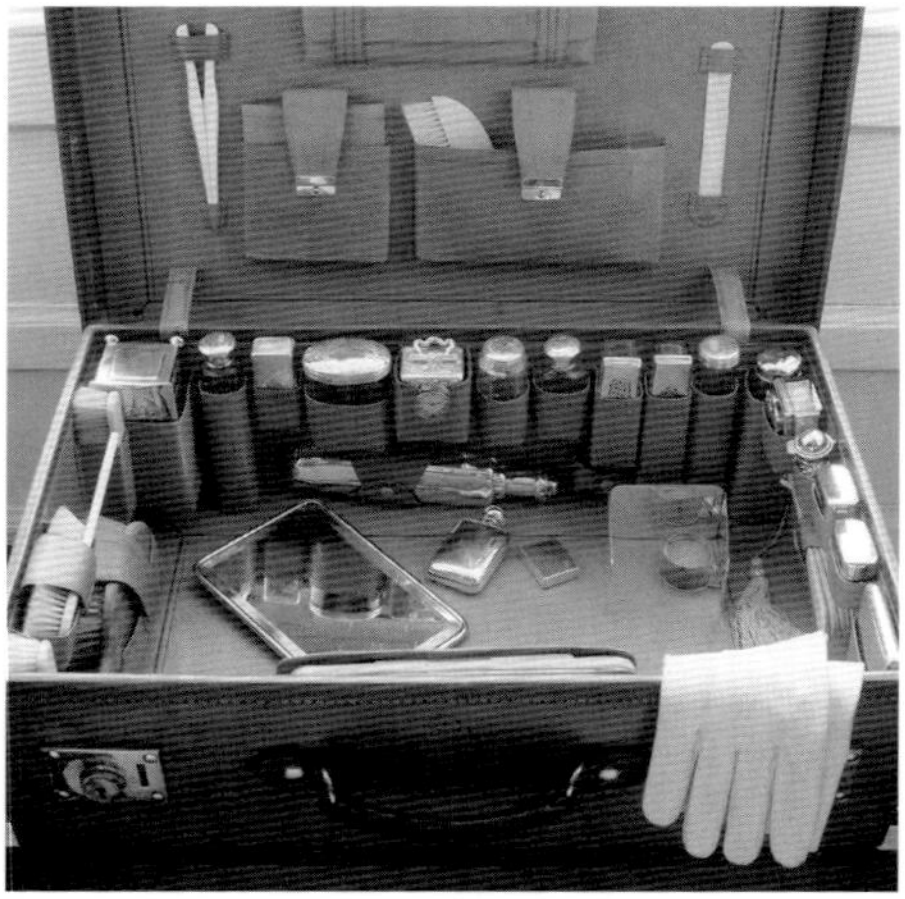

上はヴィクトリア朝時代の紳士の旅行用トランク内部。ブラシ、ボトル、時計など身繕いのための道具がそろっている。
©National Trust Images/Andreas von Einsiedel

右上はハットケース。下はネーム入りの旅行鞄。いずれも1900年代初頭のもの。
©National Trust Images/Andreas von Einsiedel

92)。創業当時はキャンバス地で覆われた軽量なトランクを生産していました。その彼が三年後、高く積み重なったトランクを目にして強い衝撃を受けました。その旅行鞄は、オーストリッチ（ダチョウ）の革製で、頑丈でありながら、ヴィトンの当時のセールスポイントであった軽量さもクリアしていたのです。

　さらに一九〇〇年代初頭、英国上流階級御用達のサヴォイ・ホテルでリフト・ボーイとして働いていた少年グッチオ・グッチ（Guccio Gucci 1881～1953）は、ホテルの宿泊客が持ち込む美しい高級な革のトランクに目を奪われていました。この後に世界のファッション界を牽引する二人がともに感動し、影響を受けたのが、英国の革鞄メーカーH・J・ケーブ&サンズの旅行用トランクだったのです。

　H・J・ケーブ&サンズは一八三九年にロンドンで創業した高級革鞄メーカーで、グッチやヴィトンをはじめとした高級バッグのデザイナー・ブランドの先駆けともいわれています。一八六七年のパリ万博で一位を受賞。一九四〇代まで王室《おうしつ》御用達《ようたし》にも選ばれていました。当時の顧客のなかには映画「アラビアのロレンス」のモデルとなったT・E・ロレンスや、英国の名相ウィンストン・チャーチルも含まれます。アンティークの世界でも、このH・

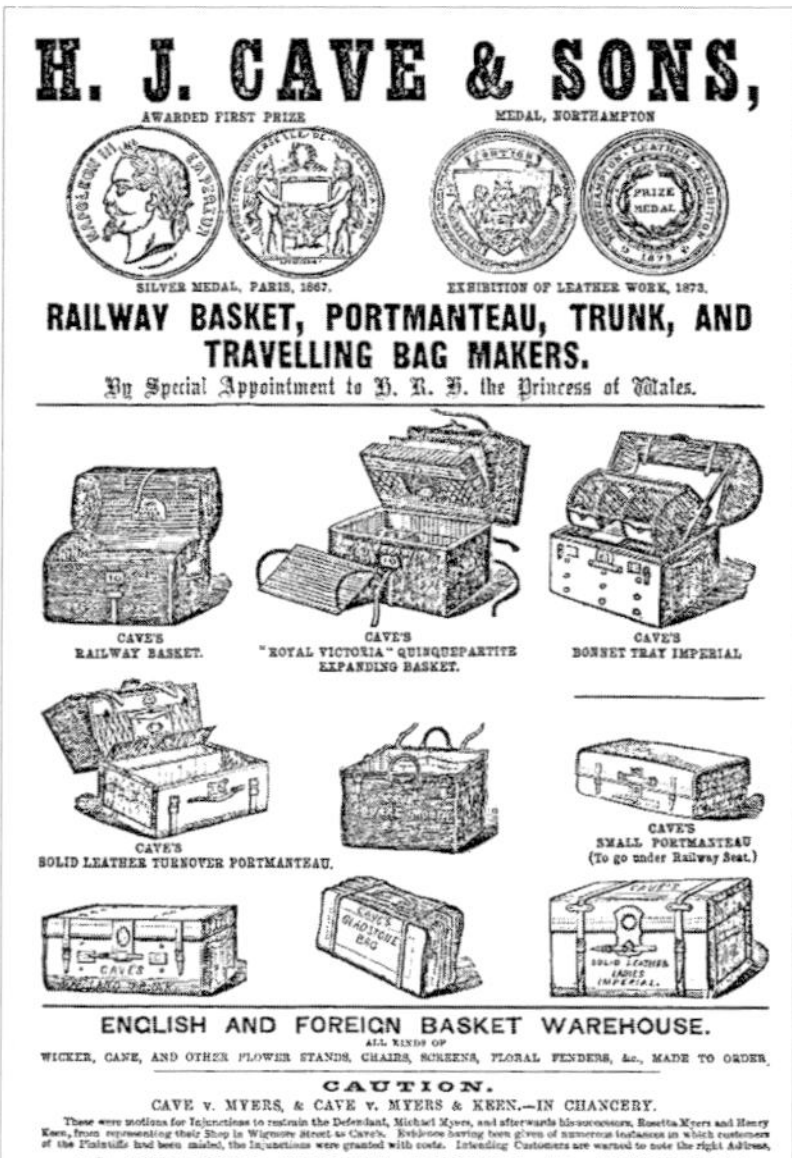

H・J・ケーブ&サンズのカタログから。上流階級の子息は全寮制の学校へ進学するため、「スクールトランク」なども英国ではポピュラーだ。

貴族の館のラゲージルーム。
©National Trust Images/John Hammond

J・ケーブ&サンズのトランクはレアな高級トランクとして人気があります。そして、当時旅行用トランク業界の最大のライバルが、今では高級宝飾ブランドとして有名なアスプレイでした。

アスプレイは一七八一年に南イングランドのサリーで創業、一八四七年には現在も旗艦店《きかんてん》があるロンドンのニュー・ボンド・ストリートに移り、以来王室御用達の超高級ブランド店として、その地位を誇っています。

アスプレイのトランクは一八五一年のロンドン万博で金賞を受賞し、翌年にはヴィクトリア女王から初めてのワラント（王室委任状）を授かりました。一八六二年のパリ万博でも一位を受賞。六七年にはライバルのH・J・ケーブ&サンズに、その座を奪われましたが、今日まで宝飾貴金属を中心に、王室メンバーからこよなく愛されているブランドです。

当時の旅行用トランクは汽車のコンパートメントに合わせた大きさや、上流階級のシーズンごとの移動に合わせた収納力抜群の大型トランクなど、その種類も多種多様でした。現在ではコーヒーテーブルやお部屋のデコレーション&収納箱としてアンティークを活用されている人も多いのは、その丈夫さ、品の良さのおかげかもしれません。

ヴィクトリア朝時代のSNS（ソーシャル・ネットワーキング・サービス）ポストカード

旅行ブームに便乗して当時大流行したのが、ポストカード（絵はがき）です。英国では休暇（ホリデー）に旅先から、親族や親しい知人に出していたことから〈ホリデーカード〉とも呼ばれています。その流行は一八九〇年代に始まり、エドワード七世時代に最高潮に達し、第一次世界大戦後に減少しました。しかしながら、その後は古いポストカードを蒐集してアルバムに収めることが人気となり、当時はそれが現代の〈思い出の写真アルバム〉の役目を果たしていたようです。

アンティークの世界におけるポストカードの価値は、それが社会の変化を反映し、過去の人々の暮らしを彷彿《ほうふつ》とさせることで、相場が決まります。大別すると写真と絵画（イラスト）の二種類に分かれますが、写真は風景よりも、人々、街並み、交通機関、建物を写したものが、より大きな関心を引き、価値があります。とくに航空機、自動車、路面電車などの燃料エンジンものや、商人、労働者、子どもたちなど、さすが歴史好きのイギリス人らしい価値観です。

絵画によるポストカードは、さらに価値があります。アール・ヌーヴォーの芸術家、美しい魅力的な女性を描いたラファエル・キルヒナーとアルフォンス・ミュシャは、とくに人気で高額。猫を描くことを専門とする芸術家、ルイス・ワインなども人気があるようで、猫好きは世界各国共通で、猫もの好きが多いようです。アンティークのポストカードは異国情緒とノスタルジックな雰囲気を味わえる気軽なコレクティブルとして、英国で常に人気です。

ヴィクトリアン・ジュエリーの魅力

ヴィクトリアン・ジュエリー、その響きだけでもロマンティックで、煌《きら》びやかな上流階級の女性たちを思い浮かべてしまいますが、実はこの時代にこそ、ジュエリーが王侯貴族、しかもその対象のほとんどが男性であった時代から、女性を美しく演出するための、現代と同様の意味を持つジュエリーへと変わりました。それも上流階級の女性だけではなく、産業革命によってゆとりを持つようになった中産階級や社会進出を果たした女性たち、また家を守る労働者階級の女性のためのジュエリーも誕生したのです。

では、そのヴィクトリア朝時代に誕生したジュエリーの特徴を見ていきましょう。六三年間という長期にわたったヴィクトリア朝時代は、ジュエリー

（上）ホリデーカードが貼られている貴族の館の階下の掲示板。©National Trust Images/James Dobson
（左・下）可愛らしいクリスマス用。こうしたポストカードを専門に扱うアンティークショップも多い。

も主に三つの異なる時期に分類されています。その影響はジュエリーデザインの多様な変化によるものが大きく、それぞれの期間は明確ではなく、しばしば重複するものの、各時代固有のデザインがありました。

ロマン派時代（一八三七～六〇）

この期間は、若きヴィクトリア女王が、結婚式で身につけたジュエリーに代表されるような、繊細で精巧な細工が施されたロマンティックなジュエリーが流行りました。なかでも一八四〇年代に考案された「レポゼ」という金の打ち出し装飾技法によって、繊細な金細工にふくよかな縞模様や貝、花や葉の模様が加わるようになりました。これはプラントハンターなどによって、世界各地から珍しい植物が英国に入り、花や果実など自然界の動植物への関心が高まったためです。その結果、それらをモチーフとしたさまざまな素材の宝飾品も数多く誕生しました。とくにアルバート公からヴィクトリア女王に贈られた指輪のモチーフになった蛇は、その影響もあり、この時期のデザインに多く見受けられます。また、大きめの手彫りのアイボリーやサンゴのブローチ、ブレスレットなども人気がありました。

ヴィクトリアン・ジュエリーの中でもとくに愛されたシードパールのティアラ。

19世紀初期の「センチメンタリズム（感傷主義）」に呼応して生まれた「リガード（敬愛）」装飾のパドロックペンダント。1920～30年頃。

(上) 18世紀後期のゴールドの結婚指輪。「忠実」を意味する「フェデリング」と呼ばれる。
(左)1870年頃の「ケルトスタイル」スコティシュブローチ。

さらに、ヴィクトリア女王がこよなく愛していたスコットランドをテーマにしたジュエリーも、この時期から作られるようになりました。スコットランドの瑪瑙《めのう》やクォーツを用いた、スコットランドらしい清楚《せいそ》なデザインが特徴です。

グランド時代（一八六〇〜八五）

この期間は、アルバート公が崩御《ほうぎょ》され、ヴィクトリア女王が深い悲《ひ》嘆《たん》に陥った時期でもありました。ヴィクトリア女王は、その悲しみを喪服とジュエリーで表しました。黒色のジェット、オニキス、ヴォルカナイトなどが、喪に服するジュエリーとして流行りました。当時のジェットジュエリーの最高峰は、英国のヨークシャーにあるウィットビージェットから採掘されたもので、その深い輝きから高い評価を得ています。

またロケットに、愛する人の髪の毛を納めたり、金細工に髪の毛を編み込んだヘアージュエリーが人気を集めました。これは、亡き人の思い出をいつまでも大切にするというセンチメンタル・ジュエリーのひとつです。

そのほかにも、さまざまな思いに合わせたセンチメンタル・ジュエリーが誕生しました。そのなかには、徐々に社会進出を果たしつつある労働者階級の女性が身につけることができるような、安価なものも流通するようになり、ジュエリーがより身近になったことを表しています。

また〈グランド〉の名は、当時欧州大陸で考古学上の発見が相次ぎ、それらに影響を受けたギリシャやローマの古代様式のデザインジュエリーが流行ったために生まれた名称です。同時に欧州絵画の影響を受けたモザイクジュエリーも流行りました。

喪の意味を表すMourningから由来する「モーニングジュエリー」を身につけている「ダウントン・アビー」のメアリー。

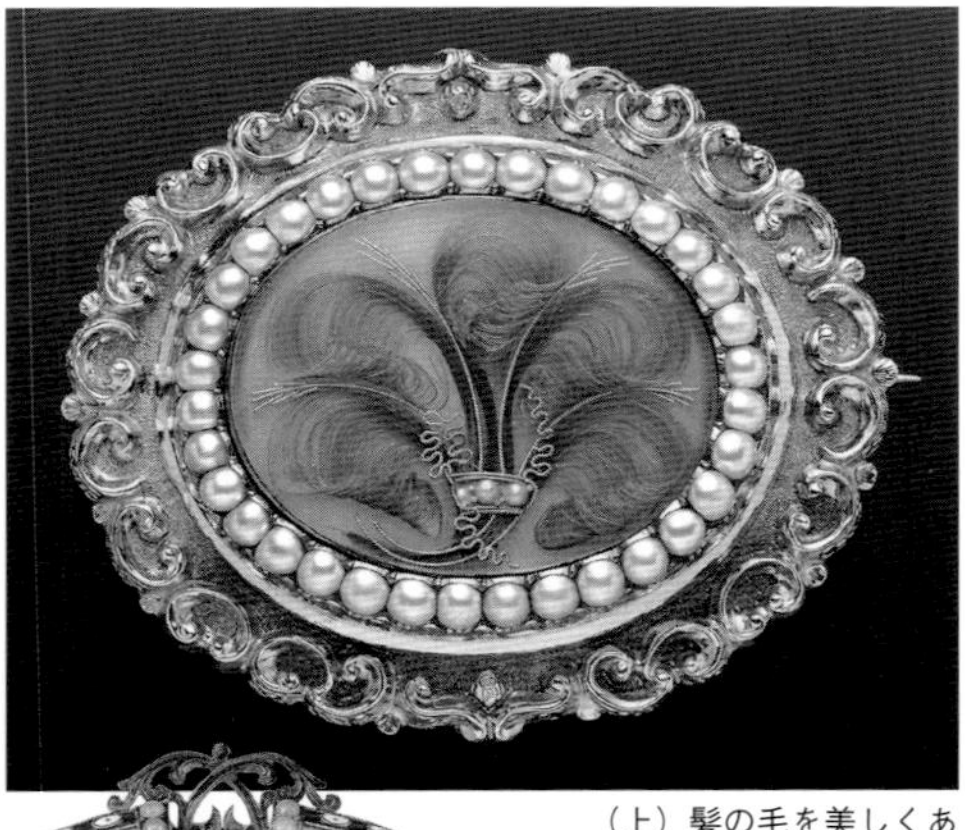

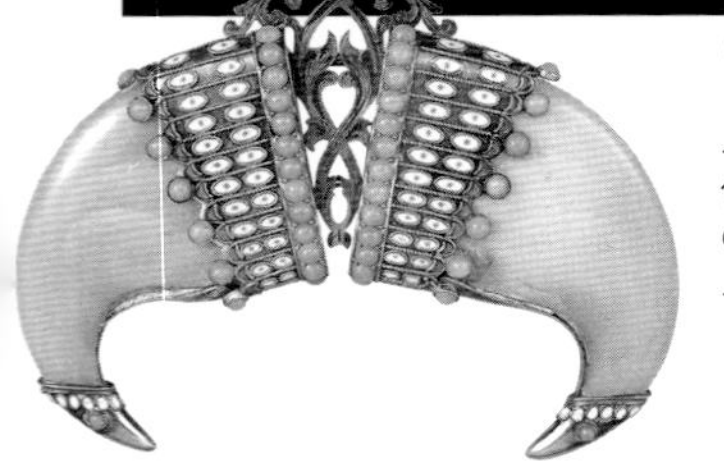

（上）髪の毛を美しくあしらった「ヘアー＆ゴールドブローチ」1858年作。（左）「グランド時代」のタイガークロウとゴールドのブローチ。

この時期は、世界各地の植民地からさまざまな鉱石、宝石が英国に集まった時代です。ダイヤモンド、パール、ガーネット、エメラルド、ルビーなどが、英国内で美しいジュエリーとして加工され、さまざまな階級の女性たちを飾りました。また、カメオも人気があり、瑪瑙、貝殻、真珠などを使って作られました。

審美的な時代（一八八五〜一九〇一）

後期ヴィクトリア朝時代は遠征、旅、発見の時代でした。交通機関の飛躍的な発展、ダーウィンの進化論などに触発されて、猿や蝶、カブトムシに代表される昆虫などが、ジュエリーのモチーフに多く取り上げられるようになりました。

またそれらと同様に、宝石に囲まれた三日月形や星のデザインもこの時代の特徴です。とくに〈バーピン〉という帽子を髪にとめるピンもファッショナブルになり、サファイア、ペリドット、ダイヤモンド、そしてボヘミアン・ガーネットなどが、よく使用されました。

絵画のごとく繊細な19世紀初期イタリア製のローマンモザイクとゴールドのブローチ。

19世紀初期のイタリアのハードストーンカメオに1870年頃の英国製エナメルフレームを合わせたペンダント。

映画・ドラマで楽しむ
アンティーク
⑥

映画

「ヴィクトリア女王　世紀の愛」
The Young Victoria

2009年　イギリス・アメリカ
監　督　ジャン＝マルク・ヴァレ
出演者　エミリー・ブラント、ルパート・フレンド

© Album Cinema / PPS通信社

若き日のヴィクトリア女王の半生を描いた伝記映画です。第82回アカデミー賞では衣装デザイン賞を受賞、美術賞、メイクアップ賞にノミネートされただけあって、映画全体を通じて、ヴィクトリア朝時代の王侯貴族の優美さが表現されています。映画のなかではヴィクトリア女王がアルバート公と結婚し、第一子を授かるまでを中心に描いていますが、場面ごとに変わる衣装とジュエリーは目を見張る美しさです。

ヴィクトリア朝時代を扱った映画は比較的多いのですが、やはりこの時代の初期の頃は、まだまだジュエリーは王侯貴族などの上流階級が主流でしたので、そのトップに位置するヴィクトリア女王ならではの、豪華なジュエリーがスクリーンに映し出されます。また、実際の撮影はロンドンの〈ハム・ハウス〉で行われ、見学も可能です。

Ham House
住所　Ham St, Richmond-upon-Thames TW10 7RS

COLUMN 9

ヴィクトリアン・ジュエリーを見極める

　ヴィクトリアン・ジュエリーの魅力は計り知れないものがありますが、その真正性を見極めるのは難しいものです。とくにヴィクトリア朝時代には、ジュエリーの原材料となった金銀や、さまざまな鉱石が世界中から集まり、技術の向上と市場の急速な需要と相まって、宝石以外のガラスなどの素材を用いたものも多く出回りました。

　またこの時代のジュエリーの特徴でもある、繊細で精巧な金細工は摩擦や裂傷なども受けやすく、それだけにコンディションの良いものは信じられないほどの高値になる場合も多々あります。さらに、英国で生産される貴金属には消費者の保護を考慮して、その品質や格付けを保証するホールマークが義務づけられていますが、ジュエリーに関しては、残念ながら一九七三年までホールマークは免除されていました。

本物に触れる大切さ

　お気に入りのヴィクトリアン・ジュエリーを見つけるために必要なのは、素晴らしい本物のジュエリーに数多く触れて、審美眼を持つことです。英国であれば、ロンドンで開催される一流のオークション・ハウスへ通ったり、高級アンティーク・フェアへ参加したり、ロンドンに限らず、各都市に必ずある博物館の宝飾コーナーを見学することもできます。もちろん、美しい田園地帯にあるカントリーハウスのコレクションでも、素晴らしいアンティークジュエリーを目にすることができるでしょう。

　日本ではどうでしょうか？　実は日本にも、素晴らしいヴィクトリアン・ジュエリーの数々と出会えるチャンスがあります。

　それは、「穐葉《あきば》アンティークジュウリー美術館」。英国王室と関連の深い宝飾品や、著名なコレクションをはじめ、現代の装身具の基礎が形作られたジョージ王朝時代からヴィクトリア朝時代までのジュエリーを、数多くコレクションしています。東京に本部を置き、〈建物のない美術館〉として、日本各地の方々に本物のアンティークジュエリーに触れていただくことを目的に、全国で展覧会や企画展を展開しています。

　英国の宝飾界からも、非常に高い評価を得ているジュエリー・コレクションが日本にあるということに、日本人としてとても誇りに思います。

ジョージ4世から受け継いだダイヤモンドのティアラ、イヤリング、ネックレスを着用したヴィクトリア女王が描かれたペンダント。女王が８名の女官たちへ贈ったもの。

穐葉アンティークジュウリー美術館　東京事務所
東京都千代田区内幸町1-1-1　帝国ホテルプラザ4F
アンティークコレクショングレール内
TEL/FAX 03-3506-7880
http://www.jewellery-museum.com

テーブルウェア

一八世紀から一九世紀にかけての英国上流階級の暮らしのなかで、もっとも華やかなシーンといえば、大勢のゲストを迎えての晩餐会《ばんさんかい》です。オークのディナーテーブルに整然と並べられたテーブルウェアの数々は、まるで舞台のフィナーレシーンのように、華やかでゴージャス。そうした光景を見慣れているイギリス人にとっても、ため息がもれる場面です。

英国アンティークの世界で、数多いテーブルウェアから何を選んでご紹介するかは、本当に悩みどころです。そこで、まずは実際の貴族の晩餐会のテーブルシーンをご紹介しましょう。もちろん、すべてが同じようにはそろわないかもしれませんが、お気に入りのアンティークのテーブルウェア蒐集のご参考にしてください。

貴族の館のダイニングテーブル

19世紀初期のアイス・ペール。パリ製。かつて製氷機が流通する前は、上流階級にとって「氷」は領地に自家製氷ができる「アイスルーム」を持っているという、富の象徴のひとつだった。
© National Trust / Susanne Gronnow

右上から時計回りに18世紀初期のエールグラス、ゴブレット、1810年製のガラスのキャンドル立て。ボヘミアンガラスのデキャンタ。
© National Trust / Susanne Gronnow

貴族の館で楽しむ
アンティーク
13

700年の歴史に囲まれた ヴィクトリアン・ダイニング

チャーク城
Chirk Castle

チャーク城は北ウェールズの小高い丘に建つ、築700年の貴族の館です。外観は中世の権力を象徴したような城塞。1310年に完成した当時の姿をそのままに残しています。

重厚な扉を開けると、1階は中世の面影が残るインテリアですが、2階に上がるとジョージ王朝時代からヴィクトリア朝時代、そして20世紀初頭のチャーク城での暮らしがインテリアとともに再現されています。なかでも最初に目にするダイニングルームにはロバート・アダムデザインのインテリアや家具と合わせて、家族が使っていたテーブルウェアが並んでいます。

そのほかにも、タペストリーが美しい18世紀のサロンや、17世紀のロングギャラリー、エドワード七世時代のシッティングルームなどなど、700年間のそれぞれの時代のアンティークを楽しむことができます。

住所　Chirk, near Wrexham, North East Wales LL14 5AF

チャーク城のダイニングルーム。18世紀から19世紀にかけてのダイニングの様子が再現されている。

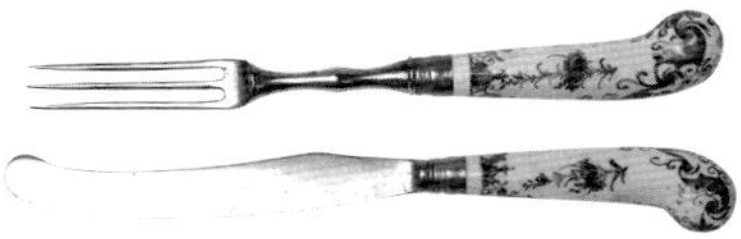

ロンドンのトーマス製、ウースター磁器の"ピストル"ハンドルのカトラリー。

（上）1774年から1814年の間に作られたマイセン人形。（左）紋章付きプレート。（下）ロバート・アダムデザインのマホガニーサイドボード。1780年製作。

ナショナル・トラストが公開している貴族の館は、ドラマ「ダウントン・アビー」のロケ地となっている所もある。ダイニングルームはどこもドラマさながらに再現されている。

コレクターに人気！華麗なる貴族の紋章ウェア
Armorial Ware

一八世紀以降の上流階級のテーブルウェアといえば、荘厳なディナーテーブルの上に整然と並ぶ、美しい磁器によるダイニングテーブルのウェアセットです。なかでもその家の紋章が装飾の一部に用いられている食器類は、当時でも大変貴重なものでした。これらはもちろん、その領主のオーダーメイド。なかには代々続く年代ものが多く、アンティークのテーブルウェアのなかでも、コレクターにとくに人気があります。

英国では一般的に、アモリアル・ウェアまたは紋章磁器（Heraldic china）と呼ばれています。英国で磁器製品が生産される以前は、中国からの輸入に頼っていました。そうした紋章入りの中国磁器は一六世紀に欧州で見受けられるようになり、英国でも一七〇〇年頃には王室をはじめとした貴族階級の家から、紋章入り磁器の注文が中国に多く寄せられるようになりました。

初期の紋章ウェアは部屋の装飾のための置物として作られていましたが、

ダービーのケダルストン・ホールにある紋章付きテーブルウェアのひとつ。1755年製の蓋付き深皿（上）とその台皿（下）。中国に注文生産させたセットで、色彩が鮮やかだ。

ウースターシャーにあるロイヤル・ウースター博物館に展示されている紋章ウェアの数々。陶磁器アンティークファンには必見の場所だ。
www.museumofroyalworcester.org

だんだんと晩餐会などのテーブルウェアとして生産されるようになりました。その流れは一七世紀の欧州から始まり一九世紀には米国でも流行るようになりました。

とくに英国においては一六九五年から一八二〇年までの間に、およそ四〇〇〇セットもの紋章入りテーブルウェアが中国から輸入されていたという記録も残っています。一セットといっても、それはオーダーをした領主の館で使用するすべての磁器食器ですので、その規模は膨大な数になったことでしょう。上流階級の人々がこぞって賓客をもてなすための「我が家特製、自慢のテーブルウェア」を中国に特注していたことがわかります。そのため英国の磁器生産が成功後、国内の陶磁器メーカーを守るために、中国からの磁器製品の輸入に高い税金をかけ、輸入に歯止めをかけました。それに呼応するように、英国内磁器メーカーの品質も向上し、生産地は中国などの極東から国内産へと移ったのです。

これらの紋章入りテーブルウェアは、オーダーメイドという特性上、アンティーク市場に出回る数にも限りがありますが、ハンティングできたときには、とんでもないお宝に化けることも多いようです。第1章でご紹介した「アンティークス・ロードショー」のなかでも、屋根裏で埃をかぶっていた紋章入りの大皿が、実は家一軒分もの価値があることが判明した例もありました。

英国ご訪問の際には、まずは王室関連の宮殿や、ナショナル・トラストなどによって公開されている貴族の館で、テーブルセッティングとともに、紋章付きテーブルウェアに存分に触れてみてください。蒐集の際の参考となるはずです。

お茶しませんか？ アンティークで

紅茶が英国に伝来したのは一七世紀中期のことでした。当時の英国上流階級の暮らしぶりを詳細に書き残した〝英国海軍の父〟こと官僚のサミュエル・ピープス（Samuel Pepys 1633〜1703）の日記には、「これまで飲んだこともない中国茶」を飲んだと記されているのが一六六〇年のことでした。以来、およそ一〇〇年の間に、英国に

デヴォンのサラトラムにあるティー＆コーヒーセット、もとは35点のセットで、ウースター、ダービー、ボウ、チェルシーなどの窯でデザイナーとして活躍したジェームズ・ジャイルズによるものといわれる。©National Trust Images/Andreas von Einsiedel

ロンドンのアンティークショップに並ぶティーキャディーボックス。

1863〜4年製のシルバーケトル。ジョージ・エンジェルのホールマークがついた8点からなるセットのひとつ。
© National Trust / Susanne Gronnow

おける茶の文化は急速に広がってゆきました。

実際英国では、一八世紀初頭までは茶よりもコーヒーやホットチョコレートのほうが人気がありました。ただし、コーヒーは街中にある〈コーヒー・ハウス〉、現在の〈パブ〉のもととなった男性限定の社交場での飲み物にすぎませんでした。何より当時の茶葉は、王族や裕福な貴族にしか手に入れることができない、大変高価な嗜好品《しこうひん》だったのです。そのため、英国の紅茶文化の歴史をみると、その歴史が始まった当初の茶器は博物館へ飾られるほどレアで高価です。

その後、紅茶文化が急速に広まった理由はいくつかあるといわれていますが、まず紅茶がコーヒーやホットチョコレートに比べ、簡単に淹《い》れられるということ。それは、もてなす場所を選ばず、大人数が集まる社交的なホールやはたまたイギリス人が大好きな野外のピクニック先でも簡単に用意することができ、社交界での交遊がいわば〈仕事〉のひとつであった英国貴族たちにとっては大変便利だったこと。また、貴族のご婦人方にとっても、その手軽さ&貴重品ということと、そうした高価なお茶でおもてなしをするという行為が、セレブ感覚と優越感を刺激するのにもっともふさわしかったことが想像できます。

ジョージ王朝時代は、茶葉が大変高価だったため、上流階級のみに許された嗜好品でした。したがって、ティータイムに欠かせない道具、ティーキャディー、茶器セット、銀製のケトルとスタンドなどは、職人にオーダーメイドさせていました。この時期のティーサーバーセットは、どれも唯一無二の豪華なアンティークと判断して間違いないでしょう。

またアンティークのなかでも人気の商品、ティーカップ＆ソーサーは、一七五〇年代まで英国内での磁器の製品化が成功しておらず、中国や日本のものを大量に輸入していました。やがて、プリマスやチェルシー、ダービー窯をはじめとする、英国各地の陶磁器工場の成功で、大量生産化され上流階級から一般家庭にまで喫茶の習慣が広がります。

いよいよ私たちも手にすることができるような、人気の英国アンティーク、ティーカップの誕生となるのです。

COLUMN 10

英国貴族に愛され続けているメイド・イン・ジャパン

アンティークのなかでも、とくに多くのコレクターがいる陶磁器類。なかでも艶やかな乳白色に色鮮やかな文様を彩色された磁器製品は、一七～一八世紀の欧州の王侯貴族にとって憧れの存在でした。

英国で磁器の生産が確立していない時代には、中国からの輸入に頼っていましたが、その中国からの貿易が一時的に絶えた時代がありました。一六四四年に中国の明《みん》王朝が滅亡し、清王朝となりましたが、この間の度重なる海禁令により一六五六年頃には完全に商船の航行が禁止されました。

一方、中国情勢の不安から日本の磁器製品に目を向けたのは、当時オランダが運営していた東インド会社でした。一六五〇年に初めて伊万里焼《いまりやき》を購入し、その品質の高さが認められ、一六五九年から大量に中東や欧州で輸入されるようになりました。これら輸入磁器製品の中には、オランダ東インド会社の略号ＶＯＣをそのままデザイン化したもの、一七世紀末欧州で普及・流行が始まった茶、コーヒー、ホットチョコレートのためのティーセットもありました。

当時、日本の磁器製品は有田《ありた》や鍋島《なべしま》など、複数の場所で生産されていましたが、海外への日本製磁器の積み出し港が伊万里（肥前国：現在の佐賀県および長崎県）だったことから、海外では〈伊万里〉と呼ばれていました。

日本では一六七〇年代に〈柿右衛門《かきえもん》様式〉が生まれ、磁器に絵画的要素の強い文様があしらわれ、芸術的価値が高まっていきました。また一六九〇年代には〈古伊万里金襴手《きんらんで》〉と呼ばれる、染付《そめつけ》の素地に赤、金などを多用した絵付を施した製品が作られるようになり、この様式のものが欧州向けの輸出品となっていきました。現在の欧米のアンティーク市場では、非常に価値ある人気の磁器となっています。

また余談になりますが、現代における磁器で、もっとも高価でその価値が高いのは、日本の〈柿右衛門〉といわれています。この世界的評価の高さは、英国に

ティンスフィールドの巨大なライブラリーに入ると本棚上の壁にかかる日本の伊万里焼が目に飛び込んでくる。©National Trust Images/John Hammond

ヴィクトリア朝時代のジャパニーズスタイルのティーセット。

ロイヤル・ウースターのジャパニーズスタイルのティーカップ。日本製への憧れからの産物だ。

数多くいる陶芸家も嫉妬するほどなのです。この日本の芸術的質の高さは、海外にいる日本人にとって、大変誇らしい評価です。またそれを証明するように、英国の王室や貴族の館には、数多くの古伊万里の壺や大皿が飾ってあります。おそらく当時、富の象徴であり、趣味の良さや流行に対する意識の高さを表す代表的な装飾調度品だったことがわかります。同じ日本の磁器でありながら、日本よりもずっとその価値を高く見出し、生活空間に取り入れているさまは見習いたい部分です。

チャーク城にある伊万里の大皿。日本製の大皿や壺、花瓶類は英国貴族の館の必須アイテム。© National Trust / Susanne Gronnow

ティーセットのなかで大きめのミルクピッチャーがあれば、それは濃くなった紅茶のための足し湯用のピッチャー。

上は1840年代のサミュエル・オールコックのティーカップ&ソーサー。
©Drawer/Hitomi Sasaki

ヴィクトリア朝時代中頃になると、誰もが紅茶を楽しむ時代になった。

リッジウェイ・ティーカップ&コーヒーカップのオールドトリオ。1818年製。
©Drawer/Hitomi Sasaki

紅茶文化が生んだ、英国生まれのポーセリン

アンティークのテーブルウェアのなかでも人気の高いカップ&ソーサー。もともとはセットだったものが、さまざまな経過を経て一対としてアンティーク市場に出回っていることが多いようです。実際、ヴィクトリア朝時代のティーセットとはどのようなものだったのでしょうか?

茶器セットは一般的に〈アフタヌーンティー〉または〈ティーパーティー〉のための食器がセットになっているものをさします。最大で二五のオブジェクトで構成されています。かつては王侯貴族のみに許された贅沢なお茶のひと時、遥か中国や日本から渡ってきた高価でエキゾティックな茶器と、ゴージャスな細工が美しい純銀製のケトルやティースプーン、さらには貴重な茶葉のためのティーキャディーなど、今でもその優雅さは当時描かれた絵画などから知ることができます。

やがて中国茶から紅茶文化へと発展していくなかで、英国製の磁器〈ブリティシュ・ポーセリン〉が誕生しました。

COLUMN 11

ブリティシュ・ポーセリンの牽引者

国立公園にもなっている西南イングランドのダート・ムーア。このあたりは現在でも多くの陶芸家がアトリエを構えていることで有名です。それは、ここで採れる土が陶器の原材料として非常に優れているからといわれています。そして、このダート・ムーアを囲むドーセットとデヴォンシャーから採掘された白粘土に燧石《ひうちいし》を添加することにより、それまではなかった耐久性に優れ、クリーム色の洗練された陶器が生まれました。

　このクリームウェアの製品化に最初に成功したのはスタッフォードシャーの陶工トーマス・ウィルドン（Thomas Whieldon 1719〜95）でした。日本ではあまり知られていないかもしれませんが、彼こそが英国陶磁器界の最初の牽引者《けんいんしゃ》として英国では有名です。クリームウェアはウェッジウッドが有名ですが、このウィルドンとウェッジウッドがビジネスパートナーとして組んだことが大きく影響しています。のちに〈英国陶磁器の父〉とまでいわれたジョサイア・ウェッジウッド（Josiah Wedgwood 1730〜95）、彼がまだ二四歳だった一七五四年から四年間、ウィルドンと共同で作った陶窯工場で、現在でもみられるクリームウェアの生産に成功しました。

　英国のアンティーク市場では、このウィルドンが製作した陶器はウェッジウッド以上に人気があります。それは、ウェッジウッドがその後、商業的に大成功を納め、商品の大量生産化へと向かったため、上流階級よりも、むしろ一般大衆向けの陶磁器というイメージが強いのに対し、芸術家肌で、学者肌だったウィルドンの陶器は数が非常に少なく、〈一点もの〉が多いためかと思われます。

トーマス・ウィルドンが実験的に挑んださまざまな陶器。なかでも動物や果物をモデルに創作したものは高値がつく。

（上）ウィルドンのグリーン＆ホワイトのキャベツを模したティーポット。

© National Trust / Simon Harris
（下）コーヒーポット。1760〜70年頃の作。

© National Trust / Catriona Hughes

今ではこのブリティシュ・ポーセリンがアンティークファンに与えた夢とロマンは計り知れないのではないでしょうか？

コレクターに人気の英国陶磁器メーカー

英国陶磁器メーカーは、世界中に支店や代理店を持つところも多く、ウェッジウッドやロイヤルドルトンなどはその代表格で、日本でもとてもよく知られていると思います。それらは英国アンティークの世界でも、もちろん人気がありますが、ここではその中からとくに英国のコレクターに人気の高いメーカーをご紹介しましょう。

英国最古の名窯
ロイヤル・クラウン・ダービー

Royal Crown Derby
ダービー　一七五〇年創業

ロイヤル・クラウン・ダービーは、その確かな技術が英国王室に認められ、一七七五年にジョージ三世より、商標に「クラウン」の使用を認められました。そして「ロイヤル」の称号は、その後一八九〇年にヴィクトリア女王によって授けられ、現在の〈ロイヤル・クラウン・ダービー〉となりました。

チェルシー窯、ボウ窯といった当時有名な窯を傘下《さんか》に収め、華やかな装飾を施したさまざまな作品を発表し、当時の王侯貴族の人気を集めました。

〈ダービー・ジャパン〉と名付けられているシリーズは、いまだに生産されているテーブルウェアのパターンとしてはもっとも古いものです。その元祖ともなったパターン番号一一二八番の〈オールドイマリ〉、これは一八八二年頃にその最初の記録を認めることができます。このオールドイマリは、一九世紀初頭、日本の伊万里様式との出会いから誕生したシリーズです。

チャーチルの邸宅「チャートウェル」にあるロイヤル・クラウン・ダービーのカップ&ソーサー〈オールドイマリ〉。© National Trust / Charles Thomas

白い磁器から生まれたアートな世界
ロイヤル・ウースター

Royal Worcester
ウースター　一七五一年創業

ロイヤル・ウースターは二五〇年以上前に、イングランド中西部のウース

ロイヤル・ウースターによる繊細な花かご型磁器。

ターに創設された英国屈指の名窯のひとつです。一七五二年、食器用に大変適した軟質磁器の生産に成功しました。この薄い磁器に、エナメルカラーの絵付けを施す高度な技術や銅版転写技術により、芸術性の高いテーブルウェアを数多く世に輩出《はいしゅつ》し、一七八九年にはジョージ三世より英国磁器界で初めてのロイヤル（王室御用達）の称号を得ました。以来、現在まで王室御用達のワラント（王室委任状）を維持し続けている唯一の窯で、現存する最古の名窯となっています。おそらく、英国でもっとも長く王侯貴族に愛され続けている陶磁器メーカーでしょう。

　ウースターにあるロイヤル・ウースター博物館には、その長い歴史と一万点に及ぶ素晴らしいコレクションが、年代順に展示されており、陶磁器アンティークファンには、お勧めの場所となっています。

新古典様式の魅力を伝える
ウェッジウッド

Wedgwood

ストーク・オン・トレント　一七五九年創業

ジョサイア・ウェッジウッドによって誕生した名窯で、ロイヤルドルトン社と並ぶ世界最大級の陶磁器メーカーのひとつです。一七六五年にはエナメルを用いたクリーム色の陶器を完成させ、シャーロット王妃（ジョージ三世の妻）にも納められ、それらは〈クイーンズウェア〉という名称の使用が許可されました。

　同社を代表するジャスパーウェアとは、一七七四年に焼成時の装飾部分と壺本体の収縮率の差の調整やガラスの質感の再現に苦労しながら、四年の歳月をかけて濃紺地に白いレリーフが浮かぶ見事な作品を完成させ、名付けられたものです。この作品は現在ウェッジウッド美術館に所蔵されています。

ウェッジウッド＆ベントレーによる黒い玄武岩の花瓶のペア。一七七〇年代。
©National Trust Images/Andreas von Einsiedel

　また一八七八年以来、ウェッジウッドの商標にも使われている〈ポートランドの壺〉とは、西暦二五年頃に古代ローマで作られたカメオ・ガラスの壺のことです。イギリスの外交官によって一八世紀にイタリアから英国に持ち込まれました。そして、これをモデルにしてジョサイア・ウェッジウッドが一七九〇年に作製したのがポートランドの壺と同名のジャスパーウェアです。

一八世紀のポーセラーツ？
ブルー＆ホワイトの誕生
スポード

Spode

ストーク・オン・トレント　一七七〇年創業

　スポードは陶芸家ジョサイア・スポードによって一七七〇年にストーク・オン・トレントに開いた窯工房が始まりです。一七八四年には銅版転写技術による下絵付け技法を開発し、陶磁器界の名声を獲得しました。とくに〈ブルー・イタリアン〉として有名な磁器シリーズは一八一六年以来、現在も生産され続けています。

〈銅版転写技術〉とは、銅版に彫刻（絵）を施し、それを特殊な紙に印刷し、磁器にその紙をあてて転写する技術で、近年日本でアマチュア工芸として〈ポーセラーツ〉という造語にもできた、ポーセリン・アートの本家本元です。

なかでもアンティークのコレクターに人気が高いのは、初代スポードのもとで産声をあげた〈ブルー・イタリアン〉で、古代ローマをモチーフに描いたこの図案が施された磁器は、二〇〇年続くスポードの源流として世界中で愛されています。

さらに、初代スポードは一八世紀まで未完成であった、英国製の磁器生産を一七九九年に完成させたといわれています。ブリティシュ・ボーン・チャイナの誕生です。その後、コンウォールから採掘された〈中国石〉を用い、陶器の強さと磁器の美しさを合わせたストーン・ウェアの開発にも成功。一八〇六年には当時は皇太子であったジョージ四世より英国王室御用達としてロイヤル・ワラントの称号を授かりました。

ケダルストン・ホールのティールームにあるスポードのブルー＆ホワイトのコレクション。

陶磁器の芸術性を追求した ミントン

Minton

ストーク・オン・トレント　一七九三年創業

スポードのブルー&ホワイトの銅版画家として活躍していたトーマス・ミントンが、自らの窯工房を開いたのは一七九三年のことでした。スポードの〈ブルー・イタリアン〉に対抗して生産したウィローパターンが英国陶磁器界に及ぼした影響はここでいうまでもないでしょう。

二代目ハーバート・ミントンによって生産性・芸術性を高め、大

ターコイズブルーにピンクの手描きの薔薇が可愛らしいミントンのカップ＆ソーサー。1880〜90年代。

©Drawer/Hitomi Sasaki

きく飛躍しました。ミントンは豪華に金彩を施した食器を数々生み出し、世界でもっとも美しいボーン・チャイナと呼ばれ、一八四〇年ヴィクトリア女王より賞賛され、一八五六年から王室御用達となりました。

英国ではミントンといえば、テーブルウェア以上に、一八五一年の万博に出展したマヨルカ陶器やタイルが有名です。タイルは英国の王侯貴族の館のみにとどまらず、米国議会議事堂などにも使用されました。このミントンのマヨルカ陶器とタイルは、英国アンティークのコレクターにとくに人気です。

お得意様はヴィクトリア女王、ジャガイモ飢餓から生まれた陶器 ベリーク・ポッテリー

Belleek Pottery

北アイルランド・ベリーク　一八五七年創業

英国の北アイルランドとアイルランド共和国との国境近くに、古くからのパブやホテルが並ぶ可愛らしい町、ベリークがあります。この町の中心に建つ歴史を感じる瀟洒《しょうしゃ》な建物が、ベリーク・ポッテリーの本社です。

一八四五年から一八四九年にかけて、アイルランドは重要な食糧であるジャガイモの疫病によって大飢餓に見舞われました。当時、人口のおよそ二五％を失うという惨状で、この飢餓から逃れるために多くのアイルランド人が北米やイングランドへの移民となったことは有名です。

その最中の一八四九年、この一帯の領主であった父親からこの土地を継承したジョン・コールドウェル・ブルームフィールドは、土地の借地人たちに働く場所を提供するために陶器事業を立ち上げました。受け継いだ地域の地質調査によって、陶器に欠かせない鉱物が豊富だったこと、またベリークまで鉄道を敷くことができ、窯を焼く石炭を供給できると見込めたことに起因しています。

ヴィクトリア女王も熱心な顧客のひとりだった、ベリーク・ポッテリーのシェル（貝）型のティーポット。© National Trust / Christopher Warleigh-Lack

本格的な磁器生産は一八五七年からです。当時この本社工場で作られた磁器、〈ベリーク・ポーセリン〉は世界中に、熱心は蒐集家がいます。

磁器の特徴はパールのような美しい仕上がりと繊細な細工、また製品のモチーフは海の貝殻や植物が多くを占めています。当時はその美しさから、ヴィクトリア女王や、まだ皇太子だったジョージ四世、その他の貴族たちに珍重され、顧客として名を連ねていました。さらにその人気は英国内にとどまらず、米国、カナダ、オーストラリアなどでも成功を収めています。

創立オーナーのブルームフィールドは一八九七年に没し、その後は地元投資家たちによって、二度の大戦をくぐり抜け今日に至っています。一九五二年に石炭焚き窯から電動窯へと変更されたため、それ以前の磁器はコレクターにとくに人気が高くなっています。

魅惑的なシルバーウェアの誕生

テーブルウェアのなかで欠かすことのできないものに、銀食器があります。とくに英国のシルバーウェアは世界中のアンティークファンにも人気です。その数、種類ともに英国は他の国々に比べ群を抜いて豊富です。また、その原産地や年代の証明も容易なため、希少価値の見分けも確かなものになります。それだけ、かつての英国では多くの銀製品が生産されていました。

英国アンティークの銀製品は大きく分けて三種類あります。スターリングシルバー、ブリタニアシルバー、シェフィールド・プレートです。このなかでもっとも長い歴史をもつのが純銀製を意味する〈スターリングシルバー〉。英国では現在でも貨幣の名称として〈スターリング〉を用いることがありますが、その起源は一二世紀のドイツから始まり、英国では一三世紀までさかのぼります。もともと英国の銀貨を称していた〈スターリング〉という単語は「本物」や「信頼できる」という意味も含まれており、アンティークの銀製品のなかでも、とりわけ「本物」の純銀製品の名称として使用されています。銀の純度は九二・五%で、残り

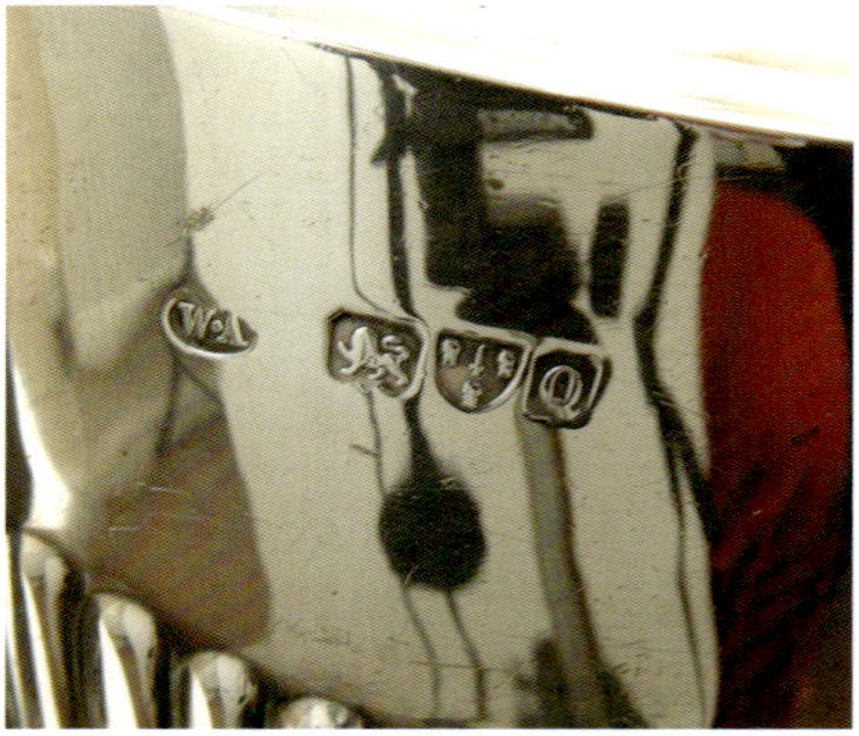

ケダルストン・ホールのダイニングテーブルの上に並ぶシルバーウェアの数々。右はホールマーク。1899年、バーミンガム製のスターリングシルバー。

エドワード7世時代の打ち出しの美しいシルバープレートのティーケトル。©Drawer/Hitomi Sasaki

ケダルストン・ホールにある貴重なシルバーギルド（純銀に金箔で装飾したもの）・ウェアの一部。1758年、ロンドンのウィリアム・クリップス製。

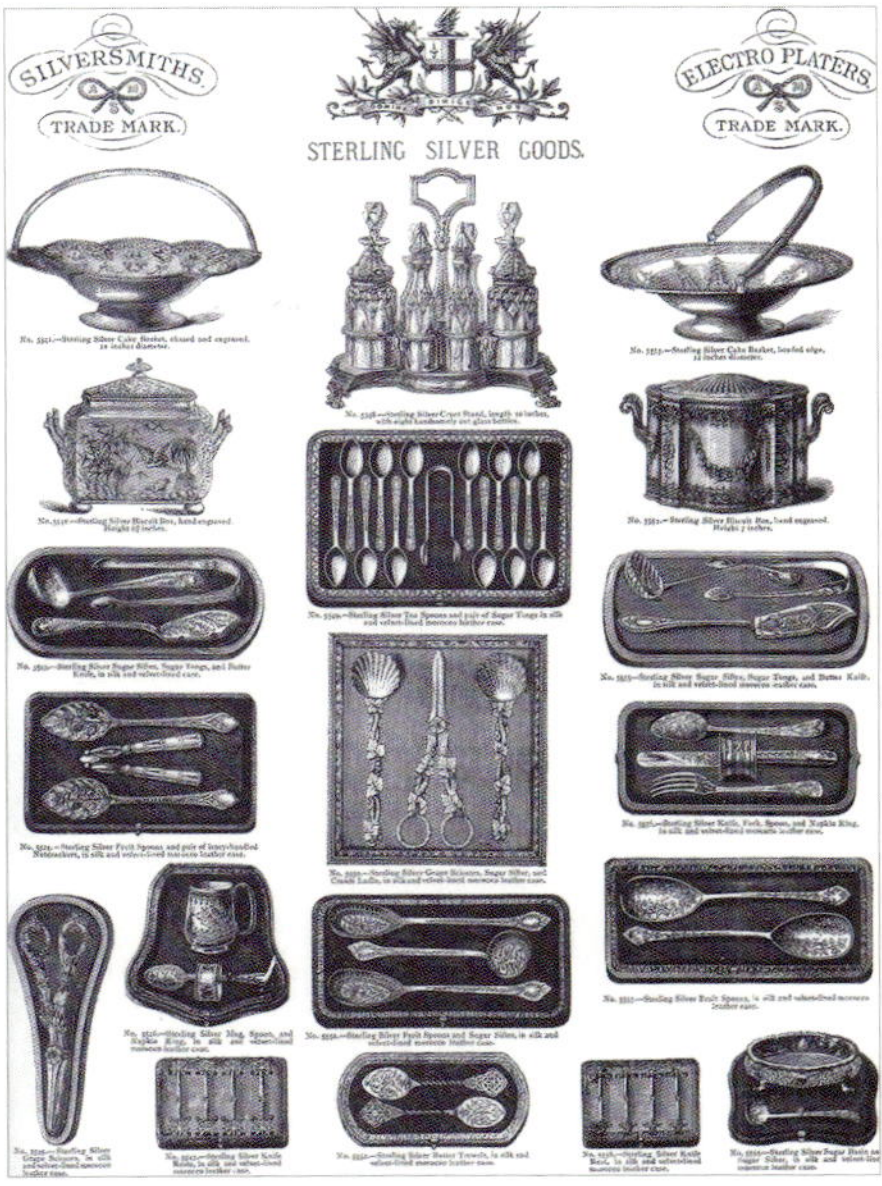

ヴィクトリア朝時代の商品カタログから。当時シルバーウェアは、カタログの巻頭に載るほど、人気の商品だった。

は銅やアルミニウムによる銀合金です。一〇〇%の純銀でないのは、銀の特性上、単体では軟らかく、流動性が高いため、貨幣や製品化には適さないためです。

　次に歴史的に古いのが〈ブリタニアシルバー〉です。ブリタニアシルバーの純度は九五・八三%。スターリングシルバーよりも若干純度が高くできています。これは一六七九年の英国の国会法によって導入されたものですが、当時スターリングシルバーの銀貨を溶かし銀製品の原材料としてしまう行為が横行し、そのいわば防止のために必要な処置として、スターリングシルバーより、さらに純度の高いブリタニアシルバーの銀製品を〈本物〉の純銀製品として生産することになりました。

　しかしながら、純度が高い分、軟らかく、貿易などの輸送の際に変形や破損が多数発生することから、苦情が絶えませんでした。結果一七二〇年には再びスターリングシルバーに〈純銀〉製品としての使用許可が認められました。その後もブリタニアシルバーは純銀製品の品質保証のひとつとして、スターリングシルバーとともに市場に残っています。

　最後はシェフィールド・プレートです。英国アンティークの市場にもっと

20世紀初頭の晩餐用のブルー・ボヘミアン・ガラスのグラス。©National Trust Images/Cristian Barnet

ポレィズンレーシーのダイニングテーブルセッティング。紋章磁器に銀食器、プレスグラスが美しい。© National Trust / Andreas van Einsiedel

も多く出回っている銀製品はこのシェフィールド・プレートでしょう。これは一七四二年頃にシェフィールドの金属職人、トマス・ボルゾーバー（Thomas Boulsover 1705〜88）によって偶然発見されたメッキ加工による銀製品です。

この発見によってそれまで高価で〈高嶺《たかね》の花〉であった銀製品が一気に上流階級以外にも広まるようになりました。いわゆるシルバープレートの誕生です。シルバープレートは、その耐久性の強さから、それまで不可能だった細かな細工も施すことが可能になり、シルバーウェアの魅力を広げる役目を果たしました。自由に加工できること、材料が安価なこと、外見が豪華なことなどから、一八世紀から一九世紀に大流行しました。

このシルバープレートによって、テーブルウェアはもとより、コーヒー・ポット、キャンドルスタンド、ボタンなど多く製品が生産されました。発明当初は銅板の片面だけに銀張りしましたが、一八六五年には両面銀張りもできるようになりました。また一八四〇年代には電気分解による銀張り法が導入されたため衰退し、いわゆる〈オールド・シェフィールド・プレート〉と呼ばれる銀メッキ製品は一八七〇年代には終焉《しゅうえん》しましたが、その人気は現在も衰えることはありません。

光り輝くヴィクトリアンガラスの魅力

晩餐会のディナーテーブル、ろうそくの炎に反射するワイングラスやエールグラスの輝きはテーブルの上のダイヤモンドのような存在だったかもしれません。

アンティークガラスの種類は幅広く、デザインも豊富ですが、アンティークの蒐集としては、比較的容易に、お好みに合ったコレクションをすることができるといわれています。たとえば生産された時期や、ひとつの特定のモチーフにこだわったり、彫刻やエッチングの技法をそろえたりと、さまざまな観点にこだわりを見つけて集めるのが、イギリス人のアンティークガラス蒐集のコツのようです。

一八世紀と一九世紀に生産されたヴィクトリアンガラスには、魅力的な製品がたくさんあります。ピンク色のク

COLUMN 12

永遠不滅の「銀の匙」アンティークシルバースプーンの楽しみ方

銀のテーブルウェアのなかでも、ナイフやフォーク、スプーンなどのカトラリーを蒐集する方は多いと思います。何しろ実用的ですし、場所を取らないこともコレクターにとっては集めやすい条件のひとつでしょう。カトラリーのセットではなく、単体の銀製品として英国で人気が高いのはシルバースプーン（銀の匙）です。

英国では古くからシルバースプーンに対して特別の思い入れがあります。それは子どもの洗礼式などにシルバーのスプーンを贈る習慣があり、古くからキリスト教徒に伝わる"born with a silver spoon in your mouth"という慣用句があるからといわれています。これは直訳すると「口に銀の匙をくわえて生まれる」ですが、これは「裕福な家に生まれる」という意味もあり、さらには「赤ちゃんが豊かに幸せに暮らせますように」という将来に向けた願いも込められているのです。つまり、シルバースプーンは豊かさや、その願いの象徴となり、現在でも出産祝いの定番となっています。

またシルバースプーンはテーブルウェアのなかでも、さまざまな用途に合わせ、その種類も多岐にわたっています。一六世紀までのシルバースプーンのアンティークは非常に稀ですが、一七世紀になると豊かな貴族社会の発展とともに、その数も急増します。キリスト教徒の洗礼式の祝い品としてのスプーンはもちろん、ディナースプーン、デザートスプーン、ティースプーン、そして小さめのスイーツや砂糖のためのスイートミートスプーンなど、目的に応じたさまざまなデザインが施されたスプーンがあります。

また一八世紀になると、カトラリーセットとしてのスプーンが増えます。デザインも装飾的な素晴らしい細工が施されたものが増えていきます。セット以外にも食生活の向上によって特別なシルバースプーンがお目見えしました。

たとえば、塩やマスタードのためのスプーン、また朝食の半熟卵の黄身をすくいとるスプーン、さらには牛骨から骨髄を抜くマロウスプーン（Marrow Spoon）、紳士の口ひげを汚さずスープを飲むことができるムスターシュスプーン（Moustache Spoon）など。

もちろん、ティータイムに欠かせない、ティーキャディースプーンは一八世紀後半からデザインや刻まれている美しいパターンの豊富さには目をみはるものがあり、日本のアンティークファンにも人気の的となっています。

ロンドン、ポートベローのストールに並ぶアンティークシルバー。

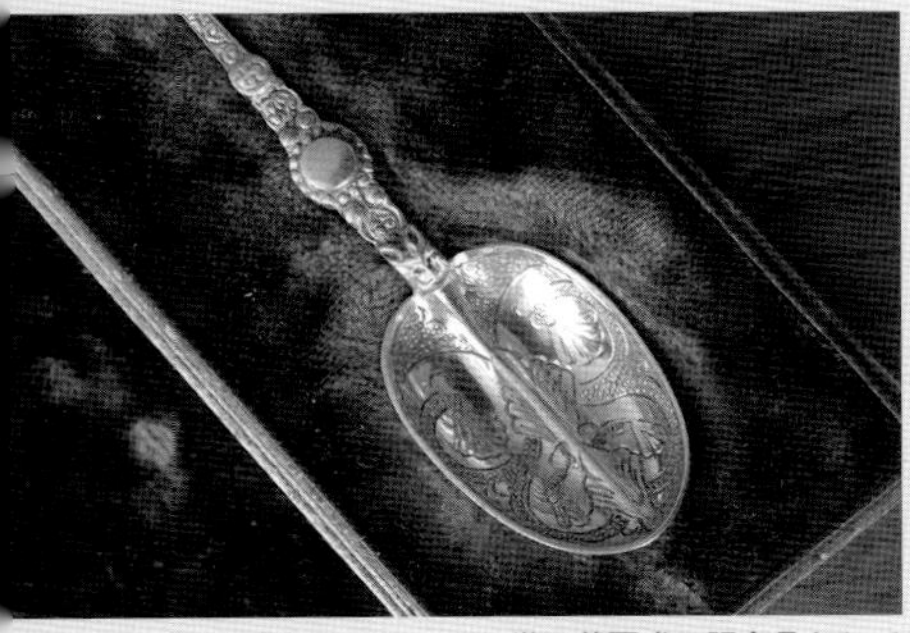

1902年エドワード7世の戴冠式の記念品として製作されたシルバープレートのスプーン。この元となったオリジナルは1349年に作られ、ロンドン塔の王室コレクションに収められている。

©Drawer/Hitomi Sasaki

スタンデンのダイニングテーブルに並ぶ、ヴィクトリアングラス。手前の深いグラスがエールグラス。© National Trust / Nadia Mackenzie

ランベリーガラスやブリストルのブルーガラス製品。そのひとつのシンプルなガラス製品を、暗い本棚や殺風景な窓辺、または出番を待つ寂しいテーブルの上に置けば、そこにはガラス特有の、光輝く美しさの源になります。しかも、それらが数百年の歴史を物語っていたら……とてもロマンティックですよね。では、そんな素敵なヴィクトリアンガラスの一部をご紹介します。

プレスガラス

一八二〇年代にアメリカで生産が始まったプレスガラスですが、その技術はすぐに英国に渡り、ガラス市場に普及しました。

また、英国に限ってですが、一九世紀のプレスガラスの人気が高まったのはほんの三〇年ほど前、しかもそれまでは鑑定士などのプロにも、ほとんど触れられていないような新しい分野だったためで、ワイングラスやタンブラー、シュガーボウルなど、比較的安価に見つけることができます。

近年では、その人気も高まり、とくに製造元のマークが刻印されたものもあるため、そうした登録商品は将来〈お宝になる可能性あり〉と、関心が高まっています。

エールグラスとエアツイストグラス

英国の国民的飲料といえばビール。このビールの歴史とともに歩んできたのが、ビール専用のエールグラスです。ワイングラスよりもやや大きく深いので、花瓶や小物入れのような使い方もできます。とくにヴィクトリア朝時代のものは繊細な彫刻が施されているエールグラスが多く、現代のビアグラスとはかけ離れた美しさが魅力です。

また同時代のエールグラスに限らず、ワイングラスのなかでも同様に人気があるのが、エアツイストグラスです。

これは柄の部分に空気を入れてツイスト模様を施したもので、一八世紀中頃から流行りました。高価なものは、

エアツイストグラスとデキャンタのセット。©National Trust Images/John Hammond

スタンデンにあるゴブレットとデキャンタ。©National Trust Images/Michael Caldwell

クランベリーガラスとシルバープレートの砂糖入れ。©Drawer/Hitomi Sasaki

このツイスト部分に彩色され、主に黒か黄色の単色のラインが多いのですが、これが複数の色で彩色されている場合は、大変高価なものとなります。

　いずれも、手作り製品のため、蒐集家たちが熱心に上質のものを集めようとしていますので、選ぶときは品質にとくに注意を払いましょう。

クランベリーガラス

　英国でもとくに女性に絶大の人気があるのが、愛らしいピンク色のクランベリーガラスです。このクランベリーガラスの製品が大量に生産されたのはヴィクトリア朝時代、シンプルなフィンガーボウル、タンブラー、グラスやカップは、しばしば装飾が施されておらず、そうした製品は主に一般家庭用だったようです。また花瓶、ボンボン皿、デキャンタ、ワイングラスなどは、エッチング、ハンドペインティングなどによって装飾されるものが多く、繊細な柄がある場合は市場価値も上がります。

　このクランベリーガラス製品は、とくに英国、米国で人気が高いため、時折アンティーク・マーケットでも品薄になり、価格が高騰《こうとう》することもありますが、可愛らしいクランベリーガラスの魅力は今後も続くことでしょう。

デキャンタ

　ガラス製品のテーブルウェアといえば、忘れていけないのはデキャンタです。デキャンタはワインの澱《おり》を除去するため、また、若いワインを花開かせるために使用されるガラスのワイン容器ですが、英国ではワインだけではなく、ラム酒、ブランデー用の三種類のデキャンタがセットになったものもあります。

　ヴィクトリア朝時代のデキャンタは一般家庭用から王侯貴族用に装飾が施されたものまで、製品の種類も価格にも幅があります。デキャンタはペアで販売されたものも多いので、もともと単体のデキャンタか、ペアだったのか、また小さなグラスがセットになっているものもあったので、生産当時はどうだったのか、確認は難しいかもしれませんが、トライしてみてください。また小さな傷や破損も、その価値を大きく下げますので、購入の際は要注意です。

英国紳士のアンティーク

英国貴族の暮らしが華やかだったヴィクトリア朝時代、紳士たるものの蒐集や趣味は、現代と大きく違います。貴族の館に必ずある蒐集物は、狩猟のための銃や先祖代々伝わる剣などです。

さすがにこうした武器を一般的に海を越えて蒐集するのは無理ですが、ここでは英国貴族の館ならではの、今に残る紳士のアンティークをご紹介しましょう。

北ウェールズのアーシグ（Erddig：アーディグではないので発音注意）のライブラリー。18世紀のチッペンデール様式の書斎机。地球儀や時計やペン立ては、紳士のアンティークの定番。

「ダウントン・アビー」より。先祖から伝わるロシア関連のコレクションをゲストに披露しているシーン。こうした舶来もののコアなコレクションは、"超"がつくお宝が多いため大切に子孫に継承させる。

自らの領地にゲストを招いて狩猟をたしなむ。これぞ英国紳士たる姿。「ダウントン・アビー」より。

貴族の館で楽しむ
アンティーク
14

2万2000個のコレクションが眠る

スノースヒル・マナー
Snowshill Manor

©National Trust Images/Dennis Gilbert

建築家で、芸術家、詩人でもあったチャールズ・パジェット・ウェイド（Charles Paget Wade 1883～1956）は、ヴィクトリア朝時代の無類の蒐集家として有名です。

コッツウォルズのスノースヒル村にあるスノースヒル・マナーは、ウェイドが自らのコレクションを保管するために移り住んだかつての貴族の館です。

小高い丘に広がるアーツ＆クラフツ様式のガーデンの先に、その館はあります。門をくぐると、小さな部屋ごとに展示されている、ありとあらゆる蒐集物の数々。なかには日本の漁師を見事に再現した人形や、おそらく英国一の数ではないかと思われる日本の鎧兜など、英国の骨董品に混じって世界中から集められたお宝の山です。

イギリス人のアンティーク好き、蒐集好きを見せつけられる貴族の館、ぜひ一度訪れてほしいところです。

住所 Snowshill, near Broadway, Gloucestershire, WR12 7JU

「ダウントン・アビー」シーズン6のカーレース場でのシーン。英国紳士にとってクラシックカーやヴィンテージカーこそ、憧れのアンティークだ。

チッペンデールによるマホガニーのスツール。貴族の館のライブラリーは領主の書斎を兼ねる場合も多い。壁一面の蔵書のためにラダーやスツールは必須アイテムとして、いまでは人気のアンティークとなっている。
©National Trust Images/Andreas von Einsiedel

キャノン・アシュビーのブックルームのデスク。ドライデン卿の書斎用具はそのまま英国紳士のアンティークだ。
©National Trust Images/Andreas von Einsiedel

第5章

庶民と使用人たちのアンティーク

二〇一七年現在、英国に現存する、貴族や領主などジェントリー階級の館やガーデンを表す〈ヒストリカル・ハウス（歴史的住宅）〉は一六四〇以上あります。これらのすべてが、英国の貴重な歴史遺産として、グレードⅠ、もしくはグレードⅡの指定を国から受け、容易にその外観を変更することはできません。

そしてそれらの多くは、その館が上流階級の邸宅として、もっとも光り輝いていた時代と同じように維持されています。つまり、建物のみならず、館のなかの家具や調度品も大切に保存されているのです。

ヴィクトリア朝時代、労働者階級の「庶民」が貴族の館の「使用人」として働いていた。すなわちダウンステアーズは庶民のアンティークも垣間見ることができる空間。

実は、貴族の館が数多く残っている英国カントリーサイドの魅力は、田園風景の美しい景観だけではなく、歴史的建造物、ひいては歴史ある家具や調度品の数々に出会える、アンティークファンにとって楽園のようなところなのです。

また、ロンドンよりもカントリーサイドのアンティークショップのほうが圧倒的に数多く、その品数もさることながら、値段も安く、まさに〈バーゲンハンティング〉を堪能できる環境となっています。

さて話が脱線しましたが、これらのカントリーハウスのおよそ五〇〇以上が、一般公開されています。カントリーハウスを訪ねるときのお楽しみは、何と言っても、華麗なる貴族の館の生活が垣間見られること。館のオーナー家族が集うアップステアーズの豪華さにも目を見張りますが、興味深いのはダウンステアーズの使用人たちの生活空間です。そこで実際に使われていた家具や生活用品は、アンティークとして現代の生活に彩りを添えてくれています。もちろん、上流階級のアンティークの数々と異なり、少ない予算でも十分楽しめるのも利点です。では、英国の庶民と使用人たちのアンティークの世界を覗いてみましょう。

アンティークファンも十二分に楽しめる「ダウントン・アビー」のキッチンシーン。

キッチン・ファニチャー

英国貴族の館のダウンステアーズの舞台は、なんといってもキッチンです。中世からあるような重厚なオーブンや、調理を取り仕切る巨大なキッチンテーブル。そのなかでもひときわ目をひくのがウェルシュドレッサーです。

ウェルシュドレッサーとは、下に引き出しか仕切りがあり、上は扉のない

デヴォンにあるソルトラムのキッチン。18世紀の鋳鉄製の大型レンジには、焙煎と通常のオーブンがあり、上部はホットプレートになっている。
©National Trust Images/John Hammond

（上）ウェルシュドレッサーに並ぶ純銅製の鍋は、貴族の館のキッチン用品の定番中の定番。
（左）ヴィクトリア朝時代の庶民のダイニングにはオーク調のドレッサーにブルー＆ホワイトの食器が。

奥行きの浅い棚になっている食器戸棚で、一般的には使われている木材から〈パインドレッサー〉〈オークドレッサー〉と呼ばれています。〈ウェルシュドレッサー〉という名称は、掃除機全般を有名メーカーの名前〈フーバー〉と呼ぶようなもので、その名は一七〇〇年頃に北ウェールズで生産され広く普及したためで、いまでは生産地やメーカーにかかわらずドレッサーの同意語となっています。

ヴィクトリア朝時代、階下で使用されている家具の多くが、当時もっとも安価で大量生産家具に向いていたパイン材製でした。パイン材はもともと一八世紀にベニヤ板の材料として大量に使われ、一九世紀になり庶民の家具の需要の高まりから、一般家庭用の安価な家具の素材に使われるようになりました。

当時の家具メーカーは、パインの木地をマホガニーやサテンウッド、さらにはアダム・カラーと呼ばれていた新古典様式の色調に塗装し、売り出しました。それらは庶民にとって、とてもファッショナブルな家具として大人気を集めました。そのため、ヴィクトリア朝時代の使用人たちの家具、とくにキッチン家具には、こうしたパイン材の家具が多く一般家庭用の小振りなものも多いため、現代のアンティーク家具として、とても人気があります。

COLUMN 13

蘇るオールドパイン・ファニチャー

英国の小さな町外れでたま～に見かける光景、古いドアが何枚も重なって野外に放置されている光景です。その古さから、家具のセカンドショップかヴィンテージのお店かしら？ と思いつつ、車なので通り過ぎてしまうことが多いのですが、アンティーク家具の〈ストリップド・パイン・ファニチャー〉と出会って、その謎が解けました。

私の見かけた古びたドアは、年季の入った古ぼけた塗装をとって、まさに裸（ストリップ）にされて、再びアンティーク・ドアとして再利用されるのです。普通の住宅でも築一〇〇年、二〇〇年が珍しくない英国ならではの再利用で、少々ガタがきてしまったドアも、少しだけ手直しすれば、たいていの家のドアに収まってしまうというわけです。

英国にはこのストリップド・パイン・ファニチャー専用のアンティーク家具の業者が多く存在します。彼らはヴィクトリア朝時代の家具の塗装を剝《は》いで、無垢《むく》の状態にし、さらに顧客のリクエストに合わせた塗装やデザインを施してくれます。また自分たちが使っているオールドパインのアンティーク家具を持ち込み、好みの家具によみがえらせる修復作業も引き受けてくれます。こうしたパイン材のアンティーク家具は、現代の住宅にもフィットしているため、日本でもとても人気があるのは周知のとおりです。

ドアのみならず、マントルピース（暖炉枠）も再生させるし、そのまま使用する場合も多い。

湖水地方で見つけたアンティークのドアノブ。郊外のホームセンターでも“アンティーク風”は人気。

アダム・カラーに再塗装されたアンティーク＆ヴィンテージのカジュアルな家具たち。

ウェスト・サセックスにあるアッパーク・ハウスの地下キッチン。ドレッサーにはブルー＆ホワイトの食器とゼリー用銅鋳型やソースパンが並んでいる。©National Trust Images/Nadia Mackenzie

キッチンメイドの仲間たち

貴族の館のダウンステアーズは、ドラマ「ダウントン・アビー」の世界的ヒットのおかげで、一大アトラクションのように海外からの訪問客が絶えないようになってきました。このヒットを受け、英国で一般公開しているカントリーハウスは、ダウンステアーズの復元作業に力を入れ、新たに一般公開するところも増えました。

ここでは実際に公開されているカントリーハウスのダウンステアーズのなかを覗きながら、人気のアンティークの数々をご紹介していきましょう。

サーバントホールで使用している食器は安価なクリームウェア。

貴族の館で楽しむ
アンティーク
15

ヴィクトリアンキッチンから漂うパンの香り

クライグサイド
Cragside

©National Trust Images/John Millar

クライグサイドはイングランド東北部、ノーザンバーランドの小高い丘の上に建つ、カントリーハウスです。この館の主は1855年にアームストロング砲という大砲を開発したウィリアム・アームストロングです。彼のビジネスは大砲から戦艦の造船へと移り変わり、この館を訪問すると、日本海軍の防護巡洋艦「和泉」の模型と出会うことができます。これらの軍事ビジネスとは裏腹に、ここクライグサイドは、ヴィクトリア朝時代の優れたカントリーハウスとして、何度もテレビなどで取り上げられています。実はこの館は英国で初めて、自家用水力発電で発電を開始した館でもあります。

そしてお楽しみはキッチンです。このキッチンでは実際に当時のキッチン道具を使ってパンを焼いているのです。そう、ここのダウンステアーズは、21世紀の今でも、当時の息遣いが感じとれる貴重な場所なのです。

住所　Rothbury, Morpeth, Northumberland, NE65 7PX

ハウスキーパーのティータイム。愛らしいティーカップやトーストラックは陶磁器製。ケトルも銅製で、シルバーは見当たらないのが庶民的。

（右）ストーブであらかじめ温めて使う鉄製のヴィクトリアン・アイロン。人気のアンティークだがずっしりと重いのが難点。（左）写真の手前の瓶は発酵食品ヴァイロールの1905年頃の瓶。

ダウンステアーズの天井のランプシェードは人気のアンティークのひとつ。

映画・ドラマで楽しむ
アンティーク

7

映画

「ゴスフォード・パーク」
Gosford Pask

2001年　イギリス
監　督　ロバート・アルトマン
出演者　マギー・スミス、ヘレン・ミレン、
クライヴ・オーウェン

© Mary Evans / PPS通信社

貴族たちとその使用人たちの複雑な人間関係を描いた作品で、イギリスの名優が多く出演し、アカデミー脚本賞を受賞した作品です。その脚本家が今をときめくジュリアン・フェロウズ。そう、「ダウントン・アビー」を生み出したベテラン脚本家です。実は「ダウントン・アビー」がまだ企画段階の際に、フェロウズに脚本の相談をしたところ、「ゴスフォード・パーク」と同じだと、嫌がったそうですが、最終的には引き受けてもらったという経緯がありました。「ダウントン・アビー」のメイキングの中でも語られていますが、この映画がベースのアイデアになっていることは、一目瞭然です。そしてこの映画の見所は、ダウンステアーズが本物の貴族の館を使って撮影されている点です。実は「ダウントン・アビー」のダウンステアーズはスタジオセットです。貴族の館を訪問するとわかりますが、ダウンステアーズ独特の、天井の高さ、そこで働く者の声の響きなど、ロケならではの臨場感が伝わります。

ナショナル・トラストが公開している貴族の館を訪れると、家具や調度品だけではなく、当時の衣装にも触れることができる。なかには着用できる衣装も用意されており、大人も子どももヴィクトリア朝時代にタイムトリップできる。

蓄熱の原理を利用した万能オーブン、アーガー・クッカー（AGA Cooker）はノーベル物理学賞を受賞したグスタフ・ダレーンが妻のために考案したもの。1929年から英国に導入された。アーガーの手前に置かれた木製の物干ハンガーはアンティーク雑貨として人気がある。
（下）陶器製のゼリー型。

ソルトラムのブドワール（貴婦人のための私的な小部屋）にあるソーイングテーブル。ヴィクトリア朝時代のものと思われる。
©National Trust Images/Andreas von Einsiedel

レディーズメイドのニードルワーク

レディーズメイドとは上流階級の女主人（レディ）に仕えているメイドのことですので、お針仕事も女主人の身の周りのみに限られていたかもしれません。とはいえヴィクトリア朝時代は、ロンドンなどの大都市圏で発生した新興の富裕層が多く、都会の住宅事情なども重なり、女主人の専用メイドを持てる家庭は限られていたかもしれません。

　また繕い物をするのは上流階級であればメイドの仕事ですが、同じ針仕事

ヴィクトリア朝時代は手作業ならではの造花やレースなどに凝った装いが多かった。

でも、刺繍《ししゅう》やクロスステッチは一七世紀以降は女性のたしなみとして、上流階級の女性もさかんに勤《いそ》しんでいました。

そこで、メイドに限らず、もしかしたら淑女《しゅくじょ》も手にしていたニードルワーク（刺繍）や針仕事に関連するアンティークをご紹介しましょう。

母から娘へ、娘から孫へ、女性が受け継ぐサンプラー

Sampler

貴族の館のメイド部屋や子ども部屋、また現代でも一般の家のキッチンなどで目にする額に入ったクロスステッチ。

アンティーク・マーケットなどでも、よく目にすることができますが、英国ではその家ごとに異なる〈サンプラー〉が飾ってあることが多く、今でも定番の趣味のひとつとなっています。〈サンプラー〉とはラテン語の「お手本（exemplum）」に由来しており、かつては母から娘へ、刺繍やクロスステッチの教本の役割を担っていました。つまり、その家代々のサンプラーも珍しくありません。英国に現存している

In the cold Grave this Frame must rest
And Worms shall feed on this poor Breast
These Hands shall then be Useless grown
And I alas no more be known
No more these feet shall ever walk
No more this Tongue shall ever talk
Anne Thomas
Sampler Worked in
her 18th year 1863

Mary Ann Randell Aged 10 1886

（上）一八六三年、当時一八歳だったアン・トーマスによるもの。上部にはウェールズのスウォンジー・ヴァリーの詩が刺繍されている。（左）一〇歳の少女の手によるもの。作者の名前は下部に刺繍されている。

極小のアンティーク、シンブルはその手軽さから外国人がお土産に求めることも少なくない。ちなみにナショナル・トラストの歴史的建造物にあるショップでは、そこでしか買えないシンブルを必ず売っている。下はロイヤル・ウースター製。

最古のサンプラーは一六世紀のもの。当時は布が非常に高価であったため、この時代のサンプラーは、布の表面いっぱいに見本が刺繍されていました。これは〝バンド・サンプラー〟と呼ばれ、当時から高く評価されており、しばしば遺言書の中にも記録されていたほど、代々の子孫に受け継がれてきたものなのです。

印刷技術が発達したヴィクトリア朝時代になると、すでに教本や学校などによって、本来の「お手本」としての役割が薄れ、自分の家や動植物をモチーフにしたものが増えてきました。

英国は世界一「アートラヴァー（芸術好き）」が多い国だと実感していますが、それと同じくらい「クラフトラヴァー（手工芸好き）」も多く、クロスステッチは昔から〈国民的〉趣味の代表格です。それだけある意味、〈英国らしい〉アンティークのひとつかもしれません。

幸運を呼ぶ、ヴィクトリア朝時代の指ぬきシンブル

Thimble

二〇一四年にNHKで放送された朝の連続ドラマ「マッサン」、そのなかのシーンでクリスマスに食べる英国特有のクリスマスプディングのなかに、それぞれを独身の男女が引き当てると、銀貨と指ぬきの二つが入れてあり、そう、二人は運命の赤い糸で結ばれているという、言い伝えを再現したお話があったと思います。

そう、かつては裁縫用に作られてい

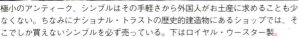

たシンブルですが、一六世紀以降にはとくに銀のシンブルは富裕層の女性への贈り物として重宝されました。以来、シンブルは装飾品として、銀をはじめ宝石やエナメルなどさまざまな貴金属や細工で飾られるようになりました。

ヴィクトリア朝時代になると、交通機関の発達とともに、国内旅行がブームとなりましたが、その際のお土産品としても、量産され人気を集めるようになりました。この習慣は、現代の英国でもまったく変わることがなく、たとえば一般公開されているような貴族の館のお土産ショップには、必ずその地のシンブルが販売されています。また、かつては多くの企業やメーカーが記念の特別シンブルを製作するようになり、現在のような多種多様なシンブルが市場に出まわり、誰でもが気軽に蒐集できるアンティークとして人気を誇っています。

お針子たちの産業革命
ソーイングマシン（ミシン）
Sewing Machine

二〇一一年、ロンドンやニューヨークに大型店舗を構えている英国のファッションブランドメーカー〈オールステインズ〉のショーウィンドー一面が、アンティークのミシンで埋まりました。当時、全店でディスプレイしたアンティークミシンの総数は一万台とも四万台とも言われています。通りを行き交う人々は、かつての美しいミシンの姿に心奪われ、当時さまざまなメディアで話題になりました。私自身もロンドンのオックスフォード・ストリートで目にしたときは、アンティークのミシンの美しさに感動したことを覚えています。

ミシンの歴史は一八二九年フランスから始まり、アメリカでの発展を経て、ヴィクトリア朝時代の英国で大量生産されました。当時アメリカのミシン最大手メーカーのシンガーは、一八六七年に英国グラスゴーに初めての海外工場を開き、一八七一年にはブリッジトン、一八八四年にはスコットランドのキルボーエに巨大工場を建設して英国内のミシン市場を席巻《せっけん》しました。

ミシンが英国に普及する一八六〇年代以前は、外套《がいとう》から下着まで、ほとんどの衣服が手で縫製《ほうせい》されていましたが、ヴィクトリア朝時代を境に、上流階級が身につけるドレス以外は、このミシンによって現代と同じく、既成品となったのです。これは当時のお針子さんたちにとっても、大きな革命だったことでしょう。

ナショナル・トラストで見かけたヴィクトリア朝時代のシンガー・ミシン。ミシンそのものも美しいが、鉄製の脚はアンティークテーブルの脚として活用できるため、人気が高い。

執事のアンティーク

「ダウントン・アビー」のダウンステアーズの主役のひとり、執事のミスター・カーソン。彼を取り巻く日用品は高級アンティークからヴィンテージ雑貨まで幅広い。

イングランド中央部にある貴族の館シャグバラのサーバントルーム。仕事場兼くつろぐ場所だ。

ご主人様のための日用品が、「いつでも」「すぐ」に用意できるよう整っていることがマスト。

今にもサーバントやフットマンたちが部屋で仕事を始めるような臨場感にあふれている。奥にあるのはシルバーのコーヒーポットにシュガーポット。手前は高級な豚毛ブラシ。

貴族の館で楽しむ
アンティーク
16

今にも執事があらわれそうな

キラートン
Killerton

©National Trust Images/Andreas von Einsiedel

本書でご紹介している「貴族の館」は、ナショナル・トラストによって保存公開されている場所ばかりです。このキラートンもしかり。そして、実のところダウンステアーズについては、ナショナル・トラストほど充実している見学地はないと自負しています。「ダウントン・アビー」のロケ地のように、実際に末裔がそこに居住しながら公開している貴族の館も多いのですが、そうした館のダウンステアーズは家族やスタッフが使用していることが多く、公開していない所が多いのです。

さて、このキラートンはヴィクトリア朝時代の政治家トーマス・アークランド卿の日常を再現した邸宅で、トーマス卿の着衣から執事の仕事場など、非常に良いコンディションで保たれています。また、この邸宅の２階はナショナル・トラストの２万点に及ぶファッションコレクションの一部が展示されている服飾博物館*になっています。本物の執事と英国ファッションの歴史が一堂に楽しめるところです。

＊現在改装中。2018年再開予定

住所　Broadclyst, Exeter, Devon, EX5 3LE

（上）北ウェールズにあるアーシグのバトラーズパントリールーム。
（左）ヴィクトリア朝時代の包丁研ぎ。

サミュエル・テイラーによるローズウッドのティーキャディーボックス。シルバーの２つのティーキャディーに真ん中はシュガーボックス。内側のベルベットもベストコンディション。
© National Trust / Helen Rowse

ヘレフォードシャーにあるベイリントン・ホールのナーサリールーム。たくさんの玩具があふれるなか、奥のテーブルにはブレックファーストのためのセットが、手前の小さなテーブルには子ども用のティーパーティーセットが広がっている。©National Trust Images/Nadia Mackenzie

ナーサリーのアンティーク

アンティーク・マーケットを散策していると、必ず出会う可愛らしいテディベアや人形、子ども用のティーセットやおもちゃの車や電車、そして絵本や懐かしさ漂うテーブルゲーム等々、思わず心引かれてしまう一瞬です。

かつての英国の上流階級では、子どもは大人とは別世界の〈ナーサリールーム（子ども部屋）〉で、ナニー（乳母）やガヴァネス（女性の住み込み家庭教師）に育てられ、教育されました。ヴィクトリア朝時代になると、余裕のある中産階級の子どもたちも専用の部屋を与えられ、上流階級と同じように育てられたことは、映画「メリー・ポピンズ」や「ナニー・マクフィーの魔法のステッキ」でも描かれています。

では、そのようなヴィクトリア朝時代の子ども部屋から生まれた、愛らしいアンティークを見ていきましょう。

（左）美しい銀細工と鈴のチャームがついたラトルを手にしている幼児。（中）リング型のシルバーラトル。（右）日本でもよく見られる「ガラガラ」タイプ。いずれもヴィクトリア朝時代のもの。

©Drawer/Hitomi Sasaki

世界的なコレクターアイテム シルバーラトル（銀のガラガラ）

Rattle

二〇一六年五月二日、英国の全国紙『ザ・テレグラフ』に、この日一歳のお誕生日を迎えられたシャーロット王女に関する記事が載っていました。その記事のタイトルは「プリンセス・シャーロット、初めてのお誕生日。そのプレゼントの中には三万ポンドのゴールデンラトル（金のガラガラ）が！」というものでした。

シャーロット王女には、お誕生から一年の間に、世界の六四か国からさまざまなプレゼントが届いたそうですが、その中でも一際贅沢だったのが、アメリカのナチュラル・サファイア・カンパニーから贈られた一八金のホワイトゴールドで作られたラトルで、ダイヤモンド、ルビー、サファイアで英国旗の模様が施されたものでした。

その他にもメキシコの大統領から贈られたシルバーラトル。籐籠メーカーから贈られたウィロー（柳）の手織りラトルなど。英国ではラトルは伝統的な誕生祝いとして、定着しています。それだけに、ゴールドやシルバーなど、高級な貴金属で作られたものが多く、とくに上流階級の間で誕生祝いとして作られたラトルはアンティークの世界でも、レアで高価なものとして人気が高いのです。

馬のロールスロイス？ 夢見る木馬

Rocking Horse

ヴィクトリア朝時代の富裕層の家の子ども部屋を覗くと、お目にかかることができるのが木馬です。私の子ども時代には、絵本や物語に出てくることはあっても、日本で目にすることはなかったので、子ども時代に抱いていた西欧文化の憧れの代表格でもありました。

英国では〈ロッキング・ホース〉と呼ばれている木馬ですが、その歴史は紀元前四〇〇〇年までさかのぼることができます。木製の馬の玩具は古代ギリシャやペルシャに存在していました。一三〇〇年頃になると、ナイト（騎士）の時代を反映して、子どものための木馬のゲーム玩具が作られていました。そ

して一九世紀半ばまでに、現在、貴族の館やアンティーク・マーケットで目にするような木馬が英国をはじめとす

“Firefoot（ファイヤーフット）”と呼ばれるヴィクトリア朝時代の木馬。©National Trust Images/James Dobson

る欧米で生産されるようになりました。

今日「木馬」として知られ愛されている形は、土台の部分が弓形になっているものですが、この形態は一八世紀に英国で誕生しました。当時は産業革命で新たな富裕層が生まれ、そうした家庭が我が子のためにと、ステイタスのひとつとして、子ども部屋に好んで置いたといわれています。また大人たちは、ユラユラと前後する木馬によって、子どもの身体のバランス能力を開発するのに役立つと信じていたようです。

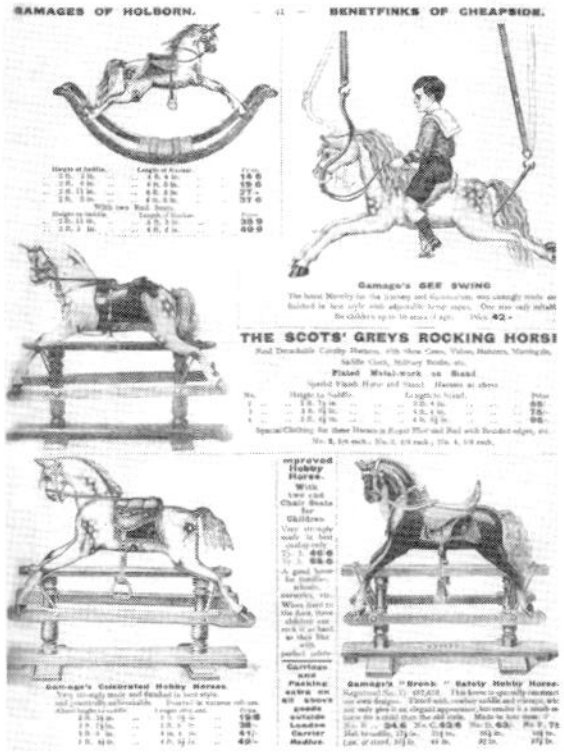

安全性とスペースを取らないということで人気を呼んだスタンド式の木馬。右は1900年代初頭のハロッズのカタログから。

ヴィクトリア朝時代後期に最盛期を迎えた英国製の木馬は、現代のアンティーク界でも大変人気があります。とくに一八六〇年代からロンドンに拠点を置いていたスポーツ用品やボードゲームを作っていたFHエアーズ社の木馬は、当時ハロッズやセルフリッジズなどの高級百貨店を通じて販売され、なかには「馬のロールスロイス」と言う人まで現れました。一八八〇年代になると、写真（中段左）に見られるような台座がスタンド式の木馬が作られるようになり、二〇世紀初頭までにはこの形態の木馬が一般的になりました。これは安全性を向上させたと同時に、木馬が占めるスペースも狭い範囲でよくなったため、都会の手狭なタウンハウスで暮らしていたヴィクトリア朝時代の新興富裕層の家庭には、とても都合が良かったようです。

英国のアンティーク・マーケットでも、弓形よりもこのセーフティースタンド型のほうが圧倒的に数が多いのは、そうした都会の住宅事情もあったようです。

COLUMN 14

世界遺産で出会うヴィクトリアン・タウンのテディベア

子どもに限らず、大人にも人気のテディベア。英国アンティークの世界でも、手作りのものから有名メーカーのものまで、幅広く出回っています。そのなかで、エリザベス二世が名付け親というテディベア、チーキー（Cheeky）の生まれ故郷が、アンティーク好きが大喜びしそうな、ヴィクトリアン・タウンにあります。

イングランド中西部、シュロップシャーにある世界遺産「アイアンブリッジ峡谷」。美しい丘陵地を流れるセヴァン川にかかる、世界で初めての鉄橋ですが、英国の産業革命はここから始まったともいわれています。産業革命はエイブラハム・ダービーが、ここにあるコールブルックデールで、コークスを使って高品質の鉄を作り出す、近代的な製鉄法を発明したことから始まったとされているためです。そのため、この橋の周辺のブロースリー、コールポート、ジャックフィールドといった町とともに、この地域は産業の中心となり、現在は当時の面影を残した、大規模な野外博物館になっています。

およそ一〇kmにわたる一帯には、一〇の美術館やホテル、パブなどが点在しています。パックツアーなどでは、おそらく鉄橋を観るだけになっていると思いますが、アンティークファンには一日では終わらないほどの見どころ満載の場所です。

なかでもブリスヒルという村にあるヴィクトリアン・タウンは、一九世紀後半から二〇世紀初頭にかけての街の姿をそのまま再現したもの。ここの凄いところは、その姿だけではなく、街の音、匂い、空気をも再現している点。つまり当時の銀行も、目抜き通りの商店街も、街外れの鍛冶屋も、個人宅も、ヴィクトリア朝時代と同じく、人々が働き、当時の暮ら

アンティークトイのなかでもテディベアは特別。世界中に多くのコレクターがいるが、その代表格は日本らしい。

（上）産業世界遺産に登録されているアイアンブリッジ。（下）ヴィクトリアン・タウンの一角。ゆっくり歩いて回るには2〜3時間は欲しいところ。

（上）瓶コレクターには嬉しくなるほど充実しているヴィクトリアン・タウンにある薬屋。
（下）雑貨屋では懐かしいコーヒーミルやココアの小箱などに混じって、アンティークデザインのティン缶や紅茶も売っている。

しを再現しながら私たちを迎えくれるのです。実際に、薬屋では石鹸、郵便局では切手、ベーカリーではその場で焼きたてのパンを購入することができます。

さらに、陶磁器ファンにはとっておきの博物館があります。コールポート陶磁器博物館とジャックフィールドタイル博物館です。

コールポート窯はヴィクトリア女王も珍重した、歴史的名窯ですが、その窯も当時のままの姿でこの地に残っています。またジャックフィールドのタイルは、ロンドンのヴィクトリア&アルバート博物館の内装に使われています。この三つの博物館だけでも二〜三日は要したいところです。

さて、肝心のテディベアです。ロンドン方面から車でアイアンブリッジに向かうと、最初に迎えてくれる村がメリーソート村と呼ばれる、大きな赤レンガの建物群です。ここは英国の一流テディベアメーカー、メリーソートの工場跡地で、現在はアンティークショップや暖炉ショップ、ヴィンテージファッション店などが入っているショッピングエリアと、メリーソートのテディベアショップ&ミュージアムがあります。

ここで出会えるテディベアは、アンティークやヴィンテージ、またリミテッドエディション（数量限定）のテディベア。現在でもここの一部で手作りされているものもあるそうです。メリーソートのテディベアは、日本でも人気ですが、英国でも王室やハロッズなどが顧客で、二〇一二年のロンドンオリンピックの公式テディベアもここメリーソートのテディベアが選ばれています。

その発祥地が、ここヴィクトリアン・タウンなのです。テディベアファンにも、アンティークファンにもぜひお勧めしたい、とっておきの場所です。

（左）ジャックフィールドのタイル博物館に展示されているタイル。コールポート陶磁器博物館の2つの博物館を見るだけでも半日費やしてしまう。（下）20世紀初頭のメリーソート社の工場内の様子。

住所　Merrythought Village, Coalbrookdale, Ironbridge, Telford TF8 7NJ

アイアンブリッジ博物館

http://www.ironbridge.org.uk

第6章 英国でアンティーク・ハンティング！

アンティーク・マーケットの楽しみ方

英国の場合、〈アンティーク・マーケット〉と一言でいっても、〈アンティーク・フェア〉〈フリー・マーケット（蚤《のみ》の市）〉〈カーブーツ・フェア〉〈ヴィンテージ・マーケット〉などのほか、アンティーク玩具や万年筆、さらにはヴィンテージ・カーやカメラなどに限定したフェアも各地で開催されています。

たとえば、二〇一七年六月第二日曜日に開催されているアンティーク・フェアの数はイングランドのみでも一〇〇か所以上で開催されています。英国内のアンティーク・マーケットの日程をみると、連日、どこかで必ず開催されているといっても過言ではないかもしれません。

ロンドンに限って見てみると、マーケットの開催日が集中しているのは週末の土曜日ですが、水曜日や金曜日といった平日の決まった曜日に開いているマーケットも多いので、滞在日数や訪問場所と上手に組み合わせて楽しむことができます。もちろん、平日営業しているマーケットも多いので、果てしなくアンティーク巡りを満喫できるのも、英国のすごいところだと思います。

それらのアンティーク・マーケットを楽しむコツですが、まず第一に、できるだけマーケットのオープン時間に合わせて早めに現地に向かうことが大切です。

たとえば、ロンドン最大規模のアン

（上）英国最大のアンティークフェアといわれているノッティンガムシャーで開催されるニューアーク国際アンティーク＆コレクターズ・フェア。www.iacf.co.uk。（中）コッツウォルズにある小さなヴィレッジホールで定期的に開かれる蚤の市の看板。（下）家庭の不要品を売るカーブーツ・フェアは掘り出し物の宝庫。

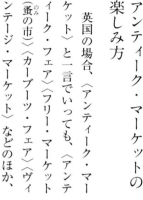

ロンドン、ポートベローマーケットにあるアンティークセンターの様子。小さなビルに数百のディーラーが集まっている。

ティーク・マーケットで、その知名度でも一番のポートベローは、お昼近くになると世界中からの観光客であふれんばかりになります。早いストール（屋台）やお店は、午前六時頃からオープンしますので、先手必勝です。午後四時には、基本的にマーケット終了時間となりますので、早め早めに行動しましょう。

　そして、こうした観光客が集中するアンティーク・マーケットで心がけていただきたいのはスリ対策です。お財布など金目のものは、バッグなどには入れず、外見からはわからないように身につけておくと安心です。たとえば、小さめのショルダーポーチをバッグとは別に、コートの下にお財布を入れて歩く……など。楽しいマーケット巡りが残念な思い出にならないように、十分に気をつけてください。

　ではここではロンドンナー（ロンドンの住人）が選ぶ、お勧めのフリー・マーケット（蚤の市）やアンティーク・マーケットをご紹介しましょう。

ロンドンナーが選んだ アンティーク・マーケット& 蚤の市

バーモンジー・アンティーク・マーケット

Bermondsey Antique Market

　ロンドンナー一押しのマーケットがここ。かつては「泥棒市」とも呼ばれたテムズ南岸の古い波止場と倉庫街が、今では再開発によってロンドン一のアバンギャルドな町にさま変わり。マーケットが開くのは毎週金曜日の午前六時から午後二時までだが、日の出とともに午前四時には始まるといわれている。始発の地下鉄で訪れて、マーケットを楽しんだ後に近くのホテルでモーニング、その後はお洒落なショップ巡りもお勧め。

https://bermondseysquare.net

ポートベロー・ロード・マーケット

Portobello Road Market

　ロンドン最大規模のストリート・マーケット。アンティーク・マーケットは毎週土曜日。一日で三万人以上の観光客が訪れ、大変賑わうのでスリなどに注意。通り沿いのアンティーク・ショップは平日も開いているところがあるので、映画「ノッティングヒルの恋人」のロケ地となったこの通りの中心を、人出の少ない平日にロケ地巡りのつもりで訪れるのも悪くない。

http://www.portobelloroad.co.uk

カムデン・パッセージ

Camden Passage

　毎週水曜日と土曜日にオープンしているアンティーク横町。「パッセージ」とは狭い路地を意味するのだが、まさにそのもの。ポートベローに比べると、規模は小さいが、小物を扱うストールが多いので数では充実している。また横町に並ぶ店のなかにはシルバーや家具を扱うアンティーク・ショップもあ

カムデン・パッセージの横町。規模は小さいながらも良質なアンティークと出会える。

り、期待以上に上質の物に巡り会える場合もある。同じ横町にはパブやお洒落なカフェもあるので、ゆっくり一日過ごせる。

http://www.camdenpassageislington.co.uk

グレイズ・アンティーク・センター

Grays Antique Centre

ロンドンの高級エリア、メイフェアにあるアンティーク・センター。ボンドストリート駅の近くにあり、建物は

落ち着いた雰囲気でアンティークが楽しめるアルフィーズの店内。

グレードⅡという歴史的建造物に指定されていて、グレイズ・アンティーク・マーケットとしても知られている。建物内では二〇〇以上のディーラーが出店しているが、磁器、ジュエリー、時計などがとくに多い。また曜日にかかわらずオープンしているので、ロンドン観光ついでに立ち寄れる、とても便利なアンティーク・マーケットとなっている。GraysとMews の二つのビルに分かれているので、要注意。

http://www.graysantiques.com

アルフィーズ・アンティーク・マーケット

Alfies Antique Market

ロンドン最大級のイン・ドア・マーケット。アンティークのほか、ヴィンテージ・ファッションや二〇世紀の家具、インテリア小物も多く取り扱っている。アンティーク家具店が並ぶ、メリルボーンのチャーチ・ストリート、駅からやや離れた住宅街にあるので、ロンドンの観光地とはまた違う〈普段着のロンドン〉を見ることができるかも。日・月曜日は休み。疲れたら屋上のカフェがお勧め。

http://www.alfiesantiques.com

ジュビリー・マーケット

Jubilee Market

ロンドン観光のメッカのひとつ、コヴェント・ガーデンにある、かつての歴史ある市場。市場のストールは曜日替わりで、アンティークは月曜日の朝五時から夕方五時まで。手頃な価格の小物が多いので、お土産探しに適したアンティーク・マーケット。すぐ近くに

ロイヤル・オペラ・ハウスや、ヴィクトリア朝時代の鉄とガラスを用いて建てられたロンドン交通博物館などもある。

http://jubileemarket.co.uk

オールド・スピタルフィールズ・アンティークス&フリー・マーケット

Old Spitalfields Antiques & Flea Market

一八八七年から続く市場。ロンドン南東部リバプールストリート駅から徒歩五分の場所にあり、下町らしさにあふれている。市場は曜日ごとに並ぶストールが異なり、アンティーク&ヴィンテージは木曜日。近年ではマーケットの周囲にお洒落なヴィンテージやファション関連の店も多くなった。高級品は少ないが、手軽に楽しめるヴィンテージならここがお勧め。

https://www.oldspitalfieldsmarket.com

ハムステッド・アンティーク&クラフト・エンポリアム

Hampstead Antique & Craft Emporium

小さな路地裏に迷い込んでしまったような場所にある、ハムステッドのイン・ドア・マーケット。アンティークと若手アーティストなどによるクラフトの店もあるので、手芸などの手作り好きには嬉しい場所。地域に密着したこぢんまりとしたマーケットだが、英国には結構こうした場所が多いのも事実。ちなみに「エンポリアム」とはギリシャ語由来の英語で、百貨店という意味がある。

http://www.hampsteadantiqueemporium.com

英国式バーゲンハンターの心得

「掘り出し物のアンティークに出会いたい……」というのは、アンティークファンなら誰でも思うことかもしれま

映画・ドラマで楽しむ
アンティーク
8
映画

「ノッティングヒルの恋人」
Notting Hill

1999年　イギリス・アメリカ
監　督　ロジャー・ミッシェル
脚　本　リチャード・カーティス
出演者　ジュリア・ロバーツ、ヒュー・グラント

© Album Cinema / PPS通信社

ノッティング・ヒルにある本屋に立ち寄ったハリウッド女優が、本屋のバツイチオーナーと恋に落ちるという、ラブコメディです。ヒュー・グラント扮する、主人公のウィリアムが住んでいた青いドアの家は、当時はこの映画の脚本を担当していたリチャード・カーティスが住んでいた所。映画のままの青いドアは実在していましたが、現在は黒いドアです。映画の公開後に、家を見に来る人があまりに多く、またペンキを剥がして持っていく不届き者が多く、嫌気がさした家主がオークションにかけて売ってしまったとか。ロケ地となった旅行専門書の本屋や、ゴシップ紙を売っていたタバコ屋も、当時のままにあります。それがどこかは、行ってみてのお楽しみ。ポートベロー散策の前に、絶対お勧めの映画です。

（上）コッツウォルズにあるアンティーク家具専門のショップ。お店というより倉庫そのままの広さが嬉しい。（中）一商品のみに特化したアンティークフェアも多い。（下）値引き交渉は朗らかに、シリアスな表情は好感度が低くなるのが英国。

せん。アンティークがあふれている英国ではなおのこと、まさに〈宝の山〉から、自分の求めている〈一点もの〉を探し出すわけですから、ワクワク感と同時に、気の遠くなるようなお宝探しの旅が始まるわけです。

　アンティーク好きなイギリス人が、バーゲンハンターをする際の心得とはどういったものでしょうか？

　プロのディーラーであれば、市場の価値と需要の有無などがアンティーク選びの重要なポイントとなると思いますが、一般のイギリス人が自分のためのアンティーク探しをする際は、もう「好きか、嫌いか」この一点に尽きると思います。

　たとえば本書で紹介したアンティーク番組で、一般視聴者が持ち込んだり、購入したり、それをオークションで売った際の価格も、実は拍子抜けしてしまうほど、安い物や小さな儲けだったりします。

「こんな些細な取り引きばかりの番組が、何十年もよく続いているものだ……」と不思議に思っていましたが、英国ではアンティークも含めた、趣味や芸術の世界では、日本とは違う価値観があることに気がつきました。それは、たとえばロンドンの音楽ホールで著名なピアニストと、大学を出たばかりの無名なピアニストが別々にコンサートを開催しても、双方のチケットの売れゆきはどちらもほぼ同じ。英国ではその知名度よりも、自分が好きか嫌いか、気に入るか、気に入らないかが、その市場価値よりも大きな選定基準となっているのです。逆を言えば、英国のアンティーク市場ほどピンからキリまでの商品が、数多く無数に出回っているところは他になく、それだけに、その見極めは本当に難しいのです。

　しかしながら、英国のアンティークの世界も同様に、やはり自分が愛せるものと出会うことが一番。そこには本物も偽物もないと断言してもいいでしょう。でも、それでも……となれば、やはりそのアンティークが持つ時代背景や、その証拠となるホールマークなどの知識が大切になってきます。

COLUMN 15

ブランドを見分ける！

英国のアンティーク、なかでも人気が高い銀製品や陶磁器類には、製造年や製造場所、またシリアルナンバーが示されている場合があります。

とくに銀製品をはじめとした貴金属製品には〈ホールマーク〉と呼ばれる貴金属製品の品位記号が刻印されています。これはプラチナ、金、銀等の貴金属で作られた製品の純度を証明する打刻です。

この刻印が英国で始まったのは一三一三年、エドワード一世によるものですが、その後長い歴史とともに刻印される情報やマークのデザインも移り変わってきました。さすがにそのマークを見て即座に判断するのは難しいため、プロのディーラーでさえホールマークの早見表を持っているほどです。

また、陶磁器類に関しても、製作窯ごとにメーカーのマーク、そして製作年代もわかるよう器の裏側に示されているものがあります。したがって比較的、年代もメーカーも間違いのないアンティークを選ぶことができます。

写真の『アンティーク・マークス』という本は、英国で手のひらサイズで売っているもので、貴金属製品のホールマークと陶磁器類のメーカーのマークが一目でわかるようになっている早見表です。

「間違いのない本物を手にしたい！」もしあなたがそう思われているのなら、こうしたガイドをポケットに忍ばせながらバーゲンハントをされることをお勧めします。

各地のホールマーク。生産地や年代によってそれぞれ異なるマークだが、その特徴を把握すれば比較的容易に見分けることができるようになる。たとえば、ロンドンの豹顔のマークは1300年代以降に使用されたもの。スリータワーマークはスコットランドのエジンバラ。碇（いかり）は鉄産業がさかんだったバーミンガムのマークといった具合で、その土地の特徴を表したデザインも多い。

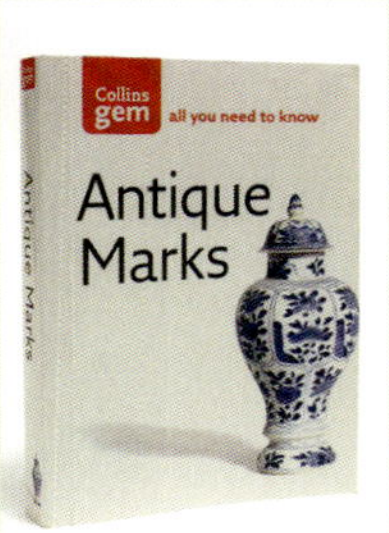

貴金属と合わせて陶磁器のホールマークも網羅されている『アンティーク・マークス』バッグやポケットに収まるサイズが嬉しい。

（上）銀製品のホールマーク。（下）ロイヤル・ウースターの生産年代ごとのマーク。上の双剣のマークは剣の間に「91」と記されてあり「オールド・ウースター」と呼ばれる貴重な製品が多い。

COLUMN 16

英国で学ぶ、アンティーク・スクール

グレードⅠの指定を受けているウェスト・ディーン・カレッジのメインハウス。

世界で一番アンティークが多い国、といっても過言ではない英国。アンティークを買うだけでなく、アンティークに携わる仕事に就くための知識や技術を学べる場所もあります。

たとえば、世界的に有名なオークション会社、クリスティーズがロンドンで運営している教育コース。九か月間にわたる学位が得られるコースは、アンティークにかかわりのある芸術、法律、ビジネスを総合的に学ぶ本格的なコースで、授業料は日本円で数百万円というプロ養成機関。その他にも、アートビジネスを学ぶサマーコースや数日間で古典芸術やモダン芸術の歴史について学べるショートコースなど、さまざまなプログラムが用意されています。

また一般大学でも、同様のコースは芸術学部のなかに設置されていることが多く、さらにアンティークにとって欠かすことのできない修復技術について学べるコースを設置している大学などもあります。ただ、クリスティーズや大学ではちょっと敷居が高いな……と感じるのも正直なところ。

そこで、日本からの旅行ついでに、貴族の館に泊まりながら、アンティークの修復技術を体験したり見学できる、素敵な場所をご紹介しましょう。

ロンドンから車でも公共機関でも一時間あまり、イングランドの国立公園にもなっているサウスダウンの絵画のように美しい丘陵地に建つ、瀟洒《しょうしゃ》な歴史的建造物が、そのスクールです。

このウェスト・ディーン・カレッジは、一〇八六年から記録に残る貴族の館です。一七三八年にジェイムズ・ペイシー卿の館として、当時ネオ・パラディオ様式の大人気の建築家のジェイムズ・ワイアットの手によって再建されました。その後、

歴史的建造物やアンティークな調度品にはケアが不可欠。ウェスト・ディーン・カレッジは、骨董品や美術品の修復・保存技術が学べる優れた学校として国際的に認知されている。

一八九一年にはジェイムス家がこの領地を取得し、家の外装、内装ともにヴィクトリア朝時代の影響を強く反映させる大規模な改築を行いました。現在は、その当時の姿のままで、外壁は地元で採掘されたフリント石に覆われた非常に珍しい建物になっています。

このスクールは、近隣にあるサセックス大学とも提携して美術系の学位が取れるコースと、年間七九〇に及ぶ社会人用コースが用意されています。なかでも骨董品や工芸品の修復コースは世界中から高い評価を得ており、本書でも数多く紹介しているナショナル・トラストが、スタッフに修復技術を習得させる際の研修機関にも選ばれています。

そして、このウェスト・ディーン・カレッジの利点は、英国のマナーハウス・ホテルと同じく、宿泊施設のみの利用も可能なため、日本からも気軽にアンティーク・スクールの雰囲気だけでも体験できる貴重な存在なのです。宿泊のみの場合も、レセプションにお願いすれば、その日に行われているさまざまなコースを見学することも可能です。部屋にも本物のアンティークに混じって、ここの学生の手による古典様式の家具などもあり、アンティーク好きの方には興味が尽きない場所となっています。

カレッジ内のグレイトホール。暖炉には火がくべられ、貴族になった気分で和める場所。

宿泊施設もカフェテリアでのお料理も一級品。ショートコースの参加者は、上げ膳据え膳でアート制作に集中する数日間を送ることができる。

West Dean College and Gardens
住所　West Dean, Nr Chichester, West Sussex PO18 0QZ
https://www.westdean.org.uk

第7章 英国で泊まるアンティークの宿

コーンウォールのトレリシック・ガーデンにあるナショナル・トラストのホリデーコテージ。名窯スポードの花柄はこのガーデンの花々がモデルになっている。©National Trust Images/Jerry Harpur

貴族の館に泊まって、アンティーク三昧

本書で紹介している「アンティークが楽しめる英国貴族の館」は、すべて英国最大の環境保護団体ナショナル・トラストが、保護・公開しているプロパティ（保護資産）です。英国訪問の際に、いつでも観て楽しめる歴史的建造物やガーデンの数は、およそ三五〇か所。その他、三六〇以上の一般に公開されていない建物などは、ホリデーコテージとして自炊可能な宿泊施設となっています。

ホリデーコテージは、ご紹介した貴族の館の一部や、世界的に有名なガーデン内にあるヴィクトリア朝時代の元ガーディナーのコテージなど、その形態はさまざまです。なかにはヴァージニア・ウルフのガーデンハウスやアガサ・クリスティーの邸宅の一部がホリデーコテージという、ファンにはたまらない贅沢な宿もあります。

キッチンにダイニング、ラウンジにベッドルームやバスルームと、どのコテージも英国の戸建てと変わらない部屋数や間取りとなっているうえ、アンティークの家具や生活用品に囲まれて暮らす英国ライフを疑似体験できる絶好の機会を得ることができます。

貴族の館に暮らすように泊まれるナショナル・トラストのホリデーコテージは、自炊しながら英国ライフを体験することができますが、自炊ではなく、まるで〈英国貴族〉のように、貴族の館にゲストとして泊まることができる宿泊施設もあります。

それはナショナル・トラストのヒストリック・ハウス・ホテルズです。現在英国のカントリーサイドに三か所ありますが、執事さながらのホテルスタッフに迎えられる瞬間は、ちょっと緊張してしまうほどです。エントランスやロビーも、貴族の館当時のラウンジやダイニングルームを利用していますので、たちまちジョージ王朝時代やヴィクトリア朝時代にタイムトリップした感覚になるかもしれません。

ドーセットにあるホリデーコテージのドローイングルーム。
「こんな家に住んでみたい！」が現実に叶う。
©National Trust Images/Cristian Barnett

かつてのファームハウスを利用したホリデーコテージのキッチン。
英国でしか味わえない本物のヴィクトリアンキッチンだ。
©National Trust Images/Tim Stephens

（上）バッキンガムシャーにあるヒストリック・ハウス・ホテル「ハートウェル・ハウス」の外観。（下）ホテル内のライブラリーでアフテヌーンティーを楽しむゲスト。（右）チッペンデール様式の椅子とライティングテーブルからはガーデンが望める。
©National Trust Images/Cristian Barnett
©National Trust Images/John Millar

英国ナショナル・トラスト　ホリデーコテージ
https://www.nationaltrust.org.uk/holidays

英国ナショナル・トラスト・ヒストリック・ハウス・ホテルズ
http://www.historichousehotels.com/national-trust

COLUMN 17

英国コッツウォルズでアンティークを楽しむ

英国でもっとも美しいといわれているコッツウォルズ。東京都とほぼ同じ広大な丘陵地帯に、中世と変わらない小さな村々が点在しています。イギリス人が老後に暮らしたい憧れのカントリーサイドのひとつですが、日本のみならず欧米からもたくさんの観光客が集まります。

コッツウォルズには、名も知れない小さな村が数え切れないくらいある。静かな村の小道を散歩していると、数百年前にタイムトリップした気分に。

ウィリアム・モリスが住んでいたケルムスコット・マナーで、モリスが眺めたであろう柳の木が風に揺れるのを見ながらのガーデンランチ。館の中ではモリスのアンティークコレクションも見ることができる。

コッツウォルズの本来の楽しみ方は、一週間から一〇日間ほど、ゆっくりこの地域に泊まって、可愛らしい村々を散策する〈ビレッジ・ホッピング〉と、町や村にあるたくさんのアンティークショップ巡りです。場所によっては目抜き通りのほとんどをアンティークショップが占めているところもあります。

またコッツウォルズでのアンティークショッピングは、その数の豊富さもさることながら、手頃なお値段で掘り出し物がたくさん見つかる可能性も高く、観光客だけではなく、イギリス人が都会から買い求めにやってきます。

ロンドンから日帰りで訪れることのできるのは、実は大型バスが停まれる大きな町に限られています。本来の美しいコッツウォルズの村々は、大型バスが入れないよう規制されていますので、アンティーク巡りを楽しむためにも、ぜひともゆっくり日程をおさえて、アンティークを堪能していただきたい場所です。

そのコッツウォルズから、〈アンティークの似合う暮らし〉を提案し続けている素敵な日本人女性がいます。彼女が運営している〈イギリスアンティーク・ドロワー〉は、日本からもオンラインでコッツウォルズのアンティークを購入することができます。

またこのドロワーが運営しているホリデーコテージもお勧めです。北コッツウォルズのはずれ、カントリーサイドに暮らす、普段着のイギリス人に出会うことができるような素朴な村で、コテージは築二〇〇年の元鍛冶屋だった建物。コッツウォルズならではの蜂蜜色の石造りの家を丸ごと貸し切り、英国流田舎暮らしが味わえます。

コテージに宿泊しながらアンティーク

ショップ三昧も可能ですし、近くのファームショップで買った新鮮な材料で、英国料理に挑戦したり、ピクニックを楽しむこともできます。そして、このホリデーコテージの何より利点は、予約も滞在中の案内も、すべて日本語でドロワーのオーナーが対応してくれるという点。もちろん、アンティークの本場に住むプロのディーラーでもあるので、丁寧にアドバイスもしてもらえます。英国コッツウオルズで、アンティークを楽しむ宿としてうってつけだと思います。

ヴィクトリア朝時代のものからガラクタまでぎっしり詰まったアンティークセンター。掘り出し物が見つかるはず。

（上）コテージのコンサバトリーではアフタヌーンティーパーティーも開ける。
（左）ドロワーのホリデーコテージにはアンティークやヴィンテージ食器がたくさんある。自宅気分でお茶会も。コテージのインテリアはすべてが古いもので埋め尽くされる。まさに英国に暮らすような旅が味わえる。©Drawer/Hitomi Sasaki
“引き出し”という意味を持つ「ドロワー」は、開けてみて驚きのあるような店にしたいという意味がこめられている。

イギリスアンティーク・ドロワー
オンライン・ショップ　https://drawerhome.jp
コテージ予約・問い合わせ先　http://drawerhome-uk.com/cottage/
Tel. ＋44 7919 207011

第8章

日本で触れる英国アンティークの世界

レセプションのシャンデリア。

英国に暮らしていると、イギリス人と日本人の感性は実によく似ていると感じることがあります。

本書の第1章で、英国のテレビのアンティーク番組について触れましたが、日本の皆さんが英国文化に関心を持ってくださるように、イギリス人もまた、日本の文化、とくに伝統的な古典芸術や工芸、かつて自然とともに暮らしていた生活様式に強い関心と、尊敬にも近い畏敬の念を抱いている人が数多くいます。そうした日本に伝わる文化を紹介したドキュメンタリー番組は、放映されるたびに人気を呼び、共感を覚えるイギリス人が非常に多いことがわかります。

こうした二か国間の文化への関心の高さと交流によって、アンティークの世界ではかつての〈オールドイマリ〉を生み、また近年の日本では、高品質の英国アンティークを扱うショップや、プロの日本人ディーラーの活躍の場が増えてきました。そのすべてをご紹介したいところですが、紙面に限りがありますので、日本で英国アンティークに触れることができる、とっておきの場所をご紹介しましょう。

「本物の英国」に触れられる ブリティッシュヒルズ

都心からおよそ二時間半、海抜一〇〇〇mの福島県羽鳥湖高原は、夏は涼しく、冬は銀世界に包まれるという、スコットランドのハイランド地方に近い風土を誇っています。その美しい森のなかに位置するブリティッシュヒルズは七万三〇〇〇坪という広大な敷地に、英国さながらのマナーハウスを中心とした、英国の伝統文化を体験できる宿泊施設です。

一九九四年の創設以来、〈パスポートのいらない英国〉をコンセプトに、日本国内でも類《たぐ》い稀《まれ》な英語研修施設として、教育機関から絶大な支持をえているブリティシュヒルズですが、一般の方も本物の英国が体験できる宿泊施設として利用することができます。

何よりも素晴らしいのは「疑似の疑似体験では意味がない」という理念のもと、建物の建築資材や主要な家具はすべて英国から取り寄せ、インテリアも各建物の時代様式にもとづいた設《しつら》えとなっている点です。英国アンティークと一言でいっても、実際の建築様式やそれにマッチしたインテリアに触れるのは、実は英国でもナショナル・トラストのような、歴史的建造物を訪問しなければ難しいのが実情です。それが日本で体験できるのは、本当に素晴らしいことだと思います。

接客スタッフも旧英連邦諸国出身者を中心に、滞在中は自然に外国人スタッフとコミュニケーションできる環境が整っており、個人向けの英会話レッスンをはじめ、クッキングや紅茶講座、スヌーカーやカリグラフィーなどのカルチャーレッスンプログラムも充実しています。

国境を越えずに、素晴らしいアンティークの数々やインテリアに囲まれながら、英国という非日常空間を堪能できる、とっておきの場所です。

英国パブリックスクールのダイニングホールを踏襲した「リフェクトリー」。映画「ハリー・ポッター」のホグワーツ魔法魔術学校の生徒気分に浸れる。整然と並んだ食卓と空間に柱が存在しないクイーンズポスト様式と呼ばれる建築スタイル。

英国貴族のレディの部屋を再現した「クイーンズルーム」。部屋は暖色系で統一され、家具も曲線を多用したものが多い。

ゲストがマナーハウスに入り最初に目にするレセプションの椅子。チェックイン、アウトの時間も優雅な時間となるようウィングチェアも数多く用意されている。

羽鳥湖高原でも最高部である標高約1000mの森の中に忽然と姿を現す英国建築群。近隣の生活環境から離れ、言語も文化も「英国漬け」を体験できる要素が詰まっているのがうかがえる。

荘園の領主が晩餐会に赴く前に身だしなみを整える空間。パーティーの前には主人の従者（valet）がこのテーブルにカフリンクスなどの宝飾品を多く並べ、服装のコーディネートを手伝ったのだろう。

ブリティッシュヒルズ
問い合わせ先　Tel. 0120-131-386（受付時間9:30～19:30）　http://www.british-hills.co.jp

お茶しませんか、アンティークに囲まれて

英国も日本も社会が成熟してくると、経済的な成長よりも個々の暮らしの質、〈クオリティ・オブ・ライフ〉を追求しだすのは、ごく自然のことでしょう。
イギリス人が家やインテリアにとてもこだわり、アンティークを追求するのと同じく、日本でも英国アンティークを生活に取り入れたいと思う人々が増えてきているようです。そこで、ゆっくりお茶をいただきながら、じっくり英国アンティークを選べる二つのショップをご紹介しましょう。

©Drawer/Hitomi Sasaki

アフターケアも安心な
ジェオグラフィカ

専任のバイヤーが、年に複数回英国に買い付けに出かけ、購入後の修理・修復などのアフターケア体制もしっかりしているショップです。広くお洒落なショップの2階には本格的なイタリアンを気軽に楽しむことができるカフェ&レストラン〈イル・レヴァンテ〉があり、英国アンティーク家具に囲まれながら、美味しいひと時を過ごすことができます。

ジェオグラフィカ
http://www.geographica.jp
住所　〒153-0065 東京都目黒区中町1-25-20
Tel. 03-5773-1145（電話受付時間 AM11:00〜PM8:00）
MAIL　shop@geographica.jp
カフェ&レストラン　イル・レヴァンテ　ジェオグラフィカ2F
OPEN 11:30−CLOSE 22:00（ラストオーダー21:30）
Tel. 03-5773-1127（直通）

英国文化を学び、アンティークを倍楽しむために

ご紹介したお茶を楽しめるアンティークショップは、英国アンティーク関連のさまざまなセミナーやイベントも開催されています。いずれも興味深い内容となっていますので、本書を手にされた方々にはお勧めですが、もうひとつ、英国アンティークをより身近に感じることができるよう、日英の文化交流を目的とする協会メンバーになってはいかがでしょうか？

日英協会は、1908年（明治41）に英国に関する研究の奨励と日英両国民相互間の親善を目的として設立され、2012年4月には一般社団法人となり活動を続けています。

現在約1800人の個人会員を有し、約80社の日本及び英国法人が法人会員となっています。日本人が英国人のことを知ると同時に、英国人にとっては日本と日本人について知識を深める格好の場となっています。

英国の歴史や文化を学ぶことは、英国アンティークの世界を２倍も３倍も楽しむことにつながります。そして機会があれば、日本の素晴らしい文化も英国に紹介する役を担えたら、とても素敵なことだと思います。

一般社団法人日英協会
http://www.japanbritishsociety.or.jp
住所　〒100-0011 東京都千代田区内幸町
　　　2-2-3　日比谷国際ビル1F
Tel. 03-6205-7997　Fax. 03-6205-7998
MAIL　event@japanbritishsociety.or.jp

クリームティーが楽しめる、鎌倉アンティークス＆ティールーム

英国よりこだわり抜いて集めた直輸入のアンティークをはじめとして、19世紀から20世紀前半の家具、シルバー、カップ、ステッキ、ランプなどのアンティークが優雅に並んでいるショップです。〈英国の日常に溶け込んだティールーム〉を演出したスペースでは、クリームティーのみのシンプルな構成で、お茶をいただきながら、気軽にアンティークショッピングを楽しめる居心地のいい空気が流れています。

鎌倉アンティークス＆ティールーム
http://www.kamakura-antiques.jp
住所　〒248-0035
　　　神奈川県鎌倉市西鎌倉1-1-13
Tel. 0467-33-0880
MAIL　info@kamakura-uk.com
10:30〜18:30／火曜 水曜定休

おわりに　アンティークを通じて英国の「本物」に触れる

英国アンティークについて、英国に暮らす「生活者の視点」で語る。

正直なところ、私自身はプロのアンティークディラーでも、ショップオーナーでもありませんが、仕事柄、おそらくたいていのイギリス人よりは、ほんの少しバラエティにとんだ〈本物〉の英国アンティークに触れる機会に恵まれているのではと自負しています。

英国国民の一五人に一人が会員となっている英国ナショナル・トラストにかかわり、およそ二〇年の歳月が過ぎました。英国の〈真実〉をどこまでわかっているかというと、はなはだ疑問ですが、延べ時間にしておよそ半分の一〇年近くの歳月分を、英国ナショナル・トラストが保護しているカントリーハウスのなかですごしているのではと、思っています。時に取材で訪ねたり、そこに数週間滞在し、地元ボランティアやスタッフに混じって仕事をしたりと、英国アンティークの〈本物〉に触れる機会には大変恵まれている環境です。

当初はただただ凄いと驚いていた調度品やインテリアも、その歴史や修復作業を目にするようになるにつれて、凄さよりも愛着、たとえば「長年がんばっていて、偉いね！」といういたわりにも似た感情を抱くようになりました。

英国は日本からも大勢の観光客が来ていますが、アメリカやドイツ、フランスなどの欧州各地、また中国からの訪問客に比べると、英国ナショナル・トラストが保護している歴史的建造物を訪問される日本人はまだまだ少ないのが現状です。

日本でも人気を得た映画やドラマのロケ地となったナショナル・トラストのプロパティ（保護地）も多く、それらは普段は一般に公開されています。そして、その建造物の中には、ロンドンの博物館に負けない最高レベルの調度品や家具、インテリアが、その建物が栄華を極めた時代のままに再現され、実際に見ることができるのです。

それらは私たちにとって、間違いのない、本物の英国アンティークの数々です。それらを買って、日本へ持ち帰ることはできませんが、調度品や家具や生活道具が生き生きとしていたありさまを目にし、体感することこそ、アンティークを「見る目」を養うことにつながり、さらに本物に触れることは心を豊かにすることでしょう。そうした体験こそが、イギリス人のアンティークに対する愛着を理解するきっかけにもなると思います。

私が幸運にも直接目にすることができた、英国の本物のアンティークたちの姿を、本書を通じて楽しんでいただければと思います。そして願わくば、英国ご訪問の際には、ナショナル・トラストのプロパティで、ぜひ素晴らしい英国アンティークの数々をご堪能《たんのう》ください。

参考・引用文献

書名	著者	出版社	出版年
A History of English Furniture	Percy MacQuoid	Lawrence & Bullen Ltd	1904-1908
The Victorian Catalogue of Household Goods	Dorothy Bosomworth	Studio Editions Ltd	1991
Harrods General Catalogue 1929	Harrods	David & Charles	1929
The Victorian House Catalogue	Young & Marten	Sidgwick & Jackson Ltd	1990
The Victorian Catalogue of Household Furnishings	Hampton & Sons	Studio Editions Ltd	1994
Yesterday's Shopping: Selection from Gamage Catalogue 1914	Clive Reynard	Wordsworth Editions Ltd	1994
British Architectural Styles	Trevor Yorke	Countryside Books	2008
Life in The Victorian Country House	Pamela Horn	Shire Publications	2010
Victorian Delights	John Hadfield	Herbert Press	1987
Memories of Childhood	Tony Curtis	Marshall Cavendish Books	1990
Design & The Decorative Arts: Georgian Britain 1714-1837	Michael Snodin & John Styles	V & A Publications	2004
Design & The Decorative Arts: Victorian Britain 1837-1901	Michael Snodin & John Styles	V & A Publications	2004
Victorian Britain	Brenda Williams	Jarrold Publishing	2005
Worcester Porcelain	John Sandon	Shire Library	2009
Blue & White Transfer-Printed Pottery	Robert Copeland	Shire Library	2000
More Popular Antiques and their Values	Tony Curtis	Lyle Publications	1973
Upstairs & Downstairs	Sarah Warwick	SevenOaks	2011
Ceramics of the Ironbridge Gorge		The Ironbridge Gorge Museum Trust	
Antique Marks	Anna Selby & The Diagram Group	Harper Collins Publishers	2004
Doll's Houses	Halina Pasierbska	V & A Publications	2015
Antiques Roadshow Price Gude 2008	Judith Miller	A Dorling Kindersley Book	2007
The BBC Antiques Roadshow	David Battie & Fiona Malcolm	Octopus Publishng Group	2005
Antiques: A Popular Guide to Antiques for Everyone		Cathay Books	1980
Antique Collecting for Pleasure	David Coombs	Ebury Press	1980
The A-Z 100 Popular Collectables	Nick Fletcher	Ward Lokk Limited	1986
The Chronicles of Downton Abbey	Jessica Fellowes & Matthew Sturgis	Harper Collins Publishers	2012
A Collector's Guide to Popular Antiques	Caroline Smith	Colour Library Books	1992
National Trust's individual property guidebooks		National Trust	
愛のヴィクトリアン・ジュエリー	穐葉昭江　他	平凡社	2010
英国家具の愉しみ	高橋 守	東京書籍	2006
これから愉しむアンティーク	プティ・セナクル　監修	メディアパル	2012
図説　イギリスの歴史	指 昭博	河出書房新社	2002
図説　ヴィクトリア朝百貨事典	谷田 博幸	河出書房新社	2001
図説　英国インテリアの歴史	小野 まり	河出書房新社	2013
図説　英国ティーカップの歴史	Cha Tea 紅茶教室	河出書房新社	2012
図説　英国ナショナル・トラスト	小野 まり	河出書房新社	2016

参考サイト

National Trust　www.nationaltrust.org.uk

Victoria and Albert Museum　www.vam.ac.uk

写真提供

National Trust Images　www.nationaltrustimages.org.uk

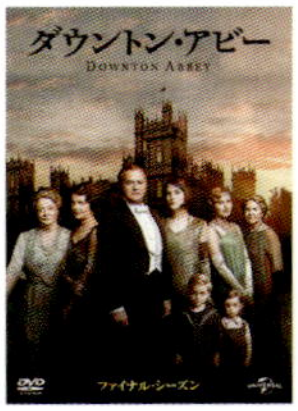

「ダウントン・アビー」シーズン1～5&ファイナル・シーズン　ブルーレイ&DVDリリース中

発売・販売元：NBC ユニバーサル・エンターテイメント

公式サイト：www.downtonabbey-tv.jp

Acknowledgements（謝辞）

I have been extremely fortunate to have many great people around me that have helped and supported me to create this wonderful book. I am very thankful. Out of all those that have helped me, Hitomi Sasaki, in particular, was a significant supporter. I'm immensely grateful to Chris Rowlin and Jon Hignett, and their assistants of the National Trust. I would also like to thank the following people: Kyoko Muramatsu of Kawade, Manami Mizuhashi, and Chiko Tokuno, Yukiko Tagawa in Japan, and to my family.

◉**著者略歴**

小野まり（おの・まり）

NPO法人ナショナル・トラストサポートセンター代表。

二〇〇一年、英国ナショナル・トラストとの共同文化事業「HENRO（遍路）展」をプロデュース。以来ナショナル・トラストの継続イベントとして現在も続いている。

日英において、環境、文化、教育、暮らしなどの比較研究、講演活動を行っている。

主な著書に『図説 英国コッツウォルズ』『図説 英国湖水地方』『図説 英国ナショナル・トラスト』『図説 英国インテリアの歴史』（河出書房新社）など多数。

ザ・ナショナル・トラストサポートセンター

HP http://ntsc.j.org/

ふくろうの本

図説 英国アンティークの世界 華麗なる英国貴族の遺産

二〇一七年 九 月二〇日初版印刷

二〇一七年 九 月三〇日初版発行

著者…………小野まり

装幀・デザイン…………水橋真奈美

発行者…………小野寺優

発行…………河出書房新社

東京都渋谷区千駄ヶ谷二-三二-二

電話 〇三-三四〇四-一二〇一（営業）

〇三-三四〇四-八六一一（編集）

http://www.kawade.co.jp/

印刷…………大日本印刷株式会社

製本…………加藤製本株式会社

Printed in Japan

ISBN978-4-309-76260-9

落丁・乱丁本はお取替えいたします。